믿음 서바이벌

세움북스는 기독교 가치관으로 교회와 성도를 건강하게 세우는 바른 책을 만들어 갑니다.

간증의
재발견
7

믿음 서바이벌

믿음을 삶으로! 신학하는 목사의 서바이벌 간증

초판 1쇄 인쇄 2025년 2월 20일
초판 1쇄 발행 2025년 2월 25일

지은이 | 김신구
펴낸이 | 강인구

펴낸곳 | 세움북스
등 록 | 제2014-000144호
주 소 | 서울시 종로구 대학로 19 한국기독교회관 1010호
전 화 | 02-3144-3500
이메일 | holy-77@daum.net

교 정 | 이윤경
그 림 | 심효섭
디자인 | 참디자인

ISBN 979-11-93996-38-6 (03230)

* 이 책은 신저작권법에 의하여 국내에서 보호를 받는 저작물입니다.
  출판사의 협의 없는 무단 전재와 무단 복제를 엄격히 금합니다.
* 책값은 뒤표지에 있습니다.
* 잘못된 책은 교환하여 드립니다.

이 도서는 시각장애인의 기독교 도서 보급을 위해 AL-소리도서관에 기증하여 데이지 파일로 제작됩니다.

간증의
재발견
7

믿음
서바이벌

김신구 지음

세움북스

추천사

가족에게는 자상하지만, 신앙에서는 엄격한 목회자 가정에서 한 사내아이가 울고 웃는 성장 드라마를 본다. 웅장해진 가슴으로 장난도 치고 사고도 치던 아이가 하나님을 만나 그리스도인으로, 사명자로 다듬어지는 과정을 낱낱이 보여준다. 그 사명자는 바로 저자 김신구 목사님이다. 목회자로서의 앞길이 아직 창창하니 폼나고 매력적인 면모를 뽐내면 좋았을지도 모른다. 그러나 내부자가 되어 자신과 주님의 몸 된 교회를 고발한다. 그리스도의 의의 옷으로 감싸져 하늘 왕의 자녀로 대접받는다 해서 그 내부도 온전해진 것은 아니기 때문이다.

　여전히 부패함으로 쉽게 기우는 본성의 개인이 모인 교회 깊숙한 곳은 죄의 원소들이 연결된 화학 구조들이 어렵지 않게 발견된다. 한 개인으로서의 교회야 넘어짐의 반복 후 지속적으로 성숙을 향할 것이다. 그러나 공동체인 교회는 세대가 교체되니 미성숙의 악취가 주님 오시는 날까지 반복되어 스스로와 세상 앞에 부끄러움을 면하기 힘든 운명일 수도 있다.

　혈기왕성한 장정 김신구 목사님은 그 정점에서 하나님이 완성하신 구원

역사의 계시인 성경 말씀으로 시선을 옮긴다. 자신의 내면이 말씀으로 다스림을 받아야 한다는 명제 앞에 굴복한다. 보이는 결과로써 하나님이 일하셨다고 자랑해 그렇지 못한 독자에게 박탈감을 주기보다 결과를 일으키는 근간이 되는 우리 사고체계와 내면이 먼저 복음의 진리에 천착해야 함을 재차 강조한다. 하늘의 신령한 것으로 자신을 셋업(sepup) 해 지독하고 외면하고 싶은 현실과 일상에 다시 착륙시킨다. 이러한 점이 하나님이 일하시는 현장이라는 것과 그분을 증거하는 간증으로서 충분하다는 것을 깨닫게 한다. "건강한 간증, 올바른 간증은 복음이라는 특별함이 그리스도인의 일상과 연합을 이룰 때 나타나는 실제적 현상이라고 말할 수 있다."

죄로 점철된 우리라는 전제에서 여전히 그리스도의 사랑이 서로에게, 그리고 교회 밖으로까지 흘려보내지는 것이야말로 하나님이 얼마나 가열차게 일하시는지의 반증이지 않을까? 지속될 김신구 목사님의 목회와 저작 활동을 통해 죄가 더한 곳에 은혜가 더함을 인정하는 것이 가득하길 축복한다.

김주연 _ 분당중앙교회(예장합동) 집사

그리스도인에게 있어 신앙이란 삶의 긴 여정 속에서 빚어지는 일련의 갖춤이라고 생각한다. 신앙은 한순간에 완성되는 것도 아니며 마치 오래 숙성시킨 포도주처럼 예수 그리스도를 만나고 나의 삶이 변화하는 과정에서 완성을 향하여 달음질하는 것이다. 이 과정에서 파생되는 부분이 바로 믿음을 지닌 그리스도인들의 간증이다. 그래서 간증은 신앙생활에 있어 꽃

과도 같다. 깊은 은혜를 머금고 있는 한 사람의 간증은 많은 이의 마음을 감화하고 삶을 변화시킨다. 그래서 각 교단에서는 새 신자나 또는 하나의 교육 프로그램을 마치면 간증문을 기록해 발표하게 한다. 그만큼 신앙심을 고취하는 데 있어 간증만큼 실제적 삶의 변화를 표현할 만한 훌륭한 것이 없다고 생각하기 때문이다.

　김신구 목사는 양무리를 말씀으로 양육하는 목회자이자 신학자이지만 그가 예수 그리스도를 품고 삶 가운데에서 분투하였던 일련의 과정을 에세이 형식의 간증문으로 기록하였다는 점은 이전에도 흔치 않았던 독특한 신앙 기록물의 모습이다. 시대가 흉흉하고 목회자들이 한순간의 실수로 사회에서 지탄받고 실추되는 이 시대에 목회자 한 사람의 사유함이 진실함을 담아 올곧이 한 권의 책에 담길 수 있다는 것은 이 책을 접하는 모든 성도, 나아가 혹여 예수 그리스도를 모르는 이들에게도 큰 축복이 아닐 수 없다고 생각한다. 그렇다. 김 목사의 이 책은 반드시 나왔어야 했던 책이다. 김 목사는 신학자이지만 이 책은 분명 신학만 말하는 책이 아니다. 김 목사가 예수 그리스도 때문에 살아가는 그 긴 신앙 여정의 부분들과 진실한 마음을 오롯이 담아낸 숨결의 책이다.

　김신구 목사의 글 중 내 마음을 깊은 고찰의 세계로 인도한 본문은 '청빙' 과정과 부목사로서 자생해 나가는 이 시대 한국 교회의 현실을 직시한 대목이다. 아마도 목회자라는 타이틀을 지니고 이런 내심을 진솔하게 담아냈다는 것은 김신구 목사만이 할 수 있는 담대함은 아닐지 생각해 본다. 그래서 일반 성도들에게도 젊은 목회자의 고뇌와 삶의 단면을 깊이 있게 인식해 볼 수 있는 소중한 사유가 되지 않을까 확신한다. '대한성서공회'

에서 발간하는 모든 성경에는, 성경은 믿는 사람들, 성경을 신뢰하는 성도들에게 인생의 등불이 되어 준다고 기록하고 있다. 나는 이 글이 잘 표현된 진리라고 생각해 왔다. 바로 이러한 구문처럼 김신구 목사의 『믿음 서바이벌』은 김 목사 자신이 사역하는 교회의 양무리들은 물론이거니와 예수 그리스도를 목회자의 시선에서 인지해 볼 수 있는 훌륭한 등대와 같은 역할을 할 것으로 생각한다. 이 책을 통하여 많은 역사와 믿음의 사람들이 일어서고, 나아가 삶 속에서 서로 은혜로운 간증을 나눌 수 있는 축복의 장이 마련되기를 소원한다.

김창신 _ 원주중부장로교회 집사, 『사색으로의 초대』 작가

"그동안 애 많이 쓰셨습니다. 정말 고생 많으셨어요!" 김신구 목사님께 추천사를 의뢰받고 집중해서 원고를 읽은 소감을 한마디로 말하라면 이렇게 말하고 싶다. '그동안 고생 많으셨다고….' 목사님을 안 지는 얼마 되지 않는다. 작년 세움북스 신춘문예에 수필 가작으로 당선된 뒤 페북에서 믿음의 친구를 많이 알게 되었다. 그중의 한 분이 김신구 목사님이시다. 비슷한 나이, 마음을 중시하는 성향 때문인지 댓글을 주고받다가 조금씩 목사님의 삶을 엿보게 되었다. 이 원고를 읽다 보니 페북에서 봤던 꼭지들도 보였다. 그럼에도 한 글자, 한 문장 허투루 보지 않고 집중해서 읽은 이유는 목사님이 사람을 대하는 모습이나 학문을 대하는 태도, 지금껏 살아오신 삶의 중심이 진실하다는 것을 느꼈기 때문이다. 수많은 페친의 글에 "좋아요"나 다정한 댓글을 남기는 모습도, 자신의 치부나 유년 시절의 아픔까지

모조리 글로 쏟아내며 오직 이 모든 삶의 경험과 글과 일상이 복음 안에서 잘 녹아 한국 교회와 성도들에게 도움이 되기를 원하시는 그 진정성이 와 닿았기 때문이다. 그래서 무명 저자인 내가 목사님의 추천사 부탁에 감히 거절하지 못하고 기쁘게 응할 수 있었다.

지방 작은 교회 목회자의 아들로 자라나 부교역자로서 여러 가지 서러움을 많이 겪은 목사님과 사모님의 삶을 글로 읽었을 때, 때로 재미있어 웃기도 했고, 안쓰러움에 한숨이 새어 나오기도 했다. 그냥 겉으로 봤을 때 연예인 같은 훤칠한 외모와 부유해 보이는 모습과는 달리 가난해서 고물을 줍기도 하고, 사임 공고를 받기도 한, 일부러 경험하기도 힘든 여러 어려움과 고통 가운데서도 내색하지 못하고 오직 하나님 한 분, 그분의 말씀 안에서 승리하고자 혼자 울음을 참는 모습이 얼마나 애처롭고 가슴 아프던지…. 이 글을 보면서 목사님을 다시 보게 되었다. 김신구 목사님을 비롯한 이 땅의 목회자들이 얼마나 마음고생하고 계실까 싶고, 교회라는 하나의 구조 속에서 남모르게 눈치 보고 신음하는 성도들의 모습도 연상되어 쓰라렸다.

그러나 그것이 끝이 아니라 복음 안에서 오직 예수님을 소망하는 우리에게는 또 다른 희망과 회복이 시작될 수 있다는 것도 기대하게 되었다. 여러 가지 간증들이 난무하는 시대, 그 무엇보다 오직 말씀 위에 온전히 서서 일상에서 복음을 이루어가고자 하는 목사님을 응원한다. 나 같은 이에게 일부러 추천사를 의뢰하고 세워 주기를 원하며, 같이 성장하고자 하는 그 마음에 박수를 보낸다. 이 땅의 목회자들이 주님 앞에 바로 서고, 목회자들을 지지하고 응원하며 함께 성장하길 원하는 우리 성도들 또한 이 책을 통해 많은 도전과 격려를 받길 진심으로 바란다. 할렐루야, 오직 하나님께서 하십니다!

윤한나 _ 진해장로교회 집사, 『나를 사로잡은 문장들』 저자, 2023 세움북스 신춘문예 당선자

❧

저자 김신구 목사님을 2023년 8월 17일 영종도에서 만났다. 김 목사님의 저서 『쉽게 만나는 성경』과 『통섭적 목회 패러다임』을 AL-소리도서관에 원고기부를 해 주시기로 하셔서서 감사의 마음을 전하려는 이유였다. 김 목사님은 자상하고 배려가 많은 목회자였는데, 첫 만남이었지만 함께 식사와 차를 마시면서 참 많은 이야기를 나눴다. 실천신학 전공자라서 그런지 시대의 흐름 속에서 한국 교회에 대한 진단과 여러 상황을 이해하기 쉽게 잘 설명해 주셨다. 이 부분은 나도 선교학 박사 과정 중이었기에 선교적 관점에서 지금의 한국 교회 상황을 직시하고 대안을 찾고자 애쓰는 중이었는데, 김 목사님의 안목은 탁월했다.

그런데 그 이유가 무엇인가 했더니 바로 『믿음 서바이벌』 출간을 위해 추천사를 부탁받아 읽으면서 알게 되었다. '아하! 김 목사님 삶의 과정에서 하나님께서 잘 빚어주신 결과이구나!'라고. 어린 시절 가난한 개척교회 목사 자녀로 자랐던 그의 삶과 교회 부흥과 성장의 과정에서 교회를 위해 헌신한 여정들이 그로 하여금 교회를 더욱 사랑하게 했는데, 바로 이런 과정이 그를 목회자로 부르신 하나님의 섭리였다는 사실을 알게 되었다. 또한, 결혼과 부교역자의 삶 속에서 때론 목회를 그만두고 싶을 만한 상황이 많았지만, 가족과 함께 묵묵히 그 길을 걸어오면서 몸소 체험하고 느낀

것들이 지금의 김 목사님을 만들었다고 나는 생각한다. 특히 이 책에서 저자는, 간증이 어느 특정한 사람의 체험과 고난에서 나오는 것도 있지만, 그보다 더 중요한 것은 예수를 그리스도로 믿는 그 자체가 간증이라고 말한다. 그래서 '성경을 삶으로 살아내는' 서바이벌한 복음적 삶이 그리스도인의 증거라고 주장한다. 이런 점에서 이 책은 간증에 대한 오해가 많은 한국 교회에서 간증에 대한 긍정적 사고와 챕터마다 친절하게 설명하는 신학적 정리를 통해 간증을 올바로 안내한다. 간증에 대한 성경적, 신학적 근거로 우리 삶을 돌아보며 정리하고 싶다면 김신구 목사님의 책『믿음 서바이벌』을 강력하게 추천하는 바이다. 곧 기독교의 간증은 나의 특별한 체험이 아닌 예수 그리스도를 믿는 그 자체가 이미 간증이다. "이것이 나의 간증이요. 이것이 나의 찬송일세"라는 찬송가(288장) 가사처럼 말이다. 그래서 저자는 예수 그리스도를 믿는 우리가 모두 간증자이고, 믿음 서바이벌의 주인공이라고 말하면서 우리를 그 믿음의 길로 인도한다. 이 책은 목회자 겸 실천신학자인 김신구 목사님이 '성경과 신학의 관점'으로 써 내려간, 이전에는 볼 수 없었던 새로운 차원의 간증 지침서가 될 것이다.

정민교 _ 흰여울교회 담임 목사, ALMINISTRY 대표, 『빛 가운데로 걸어가면』 저자

김신구 목사님은 가난한 개척교회 목회자의 아들로 성장해 아버지처럼 목회자의 길을 걷고 있다. 목사님은 믿음의 길을 가는 동안 현실적인 신앙의 도전을 많이 받았다. 그래서인지 목회자 겸 실천신학자로서 건강하고, 균형 잡힌 신앙에 대한 관심이 남다르다. 간증에 대한 개념도 특별한 체험이

나 성공 스토리가 아닌 '성경을 삶으로 살아내는 것'이라고 말한다. 한마디로 김 목사님에게 간증은 교회의 회복을 추구하면서 동시에 복음적인 삶을 사는 것이다. 이러한 저자의 생각은 책 속에 고스란히 녹아져 있다. 그래서 이 책에는 흔히들 열광하는 성공 스토리가 등장하지 않는다. 오히려 어릴 때부터 현재에 이르기까지 그리스도인으로서 겪을 수 있는 평범한 일상이 등장한다. 그리고 문제와 갈등을 풀어가는 과정에서 과연 건강한 신앙이란 무엇일까를 계속 고민하도록 만든다.

일부를 언급하면, 목사님은 어린 시절 아버지가 개척하신 교회가 부흥할 무렵 이모부의 횡령과 불륜으로 교회가 큰 어려움을 겪은 것을 지켜보았다. 그런데도 한창 유행하던 오락에 빠져 교회 헌금의 일부를 훔친 이야기가 나온다. 크게 화가 나신 아버지의 체벌 덕분에 잘못을 깨닫고 더 이상 같은 잘못을 저지르지 않는다. 당연히 자신을 바로잡아 주신 아버지가 고마웠지만, 한편으론 자식에게 가혹하리만큼 폭력을 가한 아버지의 체벌이 과연 성경적인지에 대해서는 의문을 가진다. 그리고 부교역자 시절 교회에서 이뤄진 여러 부조리한 상황을 몸소 경험하면서 교회의 민낯을 직면한다. 특히 목사님은 담임 목사 청빙 과정에서 마주한 교회의 부끄러운 모습으로 탄식과 목회에 대한 회의감마저 들어 어려움을 호소하지만, 그 속에서도 건강한 신앙에 대한 고민에서 나온 바른 자세를 이어 가신다.

책을 읽으며, 나도 부교역자 시절에 겪었던 비슷한 일들이 떠올랐다. 교역자와의 관계에서 오는 오해와 갈등, 성도와의 관계에서 일어나는 문제들…. 쉬쉬하면서 은혜라는 이름으로 덮고 지나쳤던 문제가 많았다. 그런데 이러한 일들을 과감하게 드러낸 목사님의 용기가 대단하다는 생각이

든다. 목사님은 그저 교회를 부정적인 시각으로 바라보고 비판하려는 목적으로 이 글을 쓰신 것이 아니다. 지금의 한국 교회 현실 속에서 건강한 신앙이 무엇인지 다시 생각하며, 주님의 몸 되신 교회의 곪고 상처 난 부분을 모두가 함께 치유하길 원한다. 이런 점에서 이 책은 목사님의 개인적인 간증을 넘어 은혜 뒤에 가려진 신앙적인 상처를 함께 공감하며 치유해 가는 간증이라고 할 수 있다.

한미연 _ 한빛교회 담임 목사, 『버터 줘서 고마워』 저자

목차

여는 말

살아온 신앙 에세이를 투박하고 소박하게 쓰고 싶었다. 보통 목사를 영적 스승이라고 말하지만, 그도 성경 말씀을 먹고 살아야 할 한 사람 피조물이니 말이다. 그래서 글을 통해 그리스도인답게 살려고 발버둥치는 성도 목사의 삶을 나누고 싶었다. 역시 그렇듯이 제아무리 성직자라도 본디 피조물인 존재가 어찌 불완전함을 외면할 수 있겠나. 하지만 그런 존재라도 그리스도의 장성한 분량을 향한 여정은 엎치락뒤치락할지언정 하나님의 말씀을 붙잡고 살아가는 신앙인의 고군분투여야 한다. 해서, 이 책은 이런 내 생각과 마음, 걸어온 경험의 산물로서 내 어린 시절부터 최근까지의 삶을 다룬 회고록 같은 신앙 에세이다. 풀어놓을 더 많은 이야기가 있지만, 한 권에 담기엔 부족해 몇몇 이야기만 추렸다.

간증 신학적 내용을 잠시 언급하면, 예수 그리스도를 믿고 따르는 자를 성도라고 칭하는 이유는 특별 계시, 곧 복음이 우리 삶의 중심부로 들어왔기 때문이다. 이제 그 이후로부터 어두운 부분들은 조금씩 사라지고, 복음이 말씀하시는 모습과 방향으로 내 연약함과 악함을 채찍질하는 여정이 시작된다. 그러니 자기를 곤고한 자라고 표현한 바울의 한숨과 깊은 고뇌는 그만의 전유물일 수 없다. 이런 까닭에 누구든지 그리스도인이라면 복음 때문에 나눌 수 있는 이야기가 꼭 있어야 한다. 이것이 성도만이 고백할 수 있는 기독교의 간증이다. 그래서 모든 기독교 간증자는 현재진행형이다. 엄청난 서사를 풀어놨다가도 어느새 시커멓게 죄에 물들 수 있는, 너무도 연약해 죄의 늪에선 속수무책 빠질 수 있는 위험천만한 존재가 우리이기에 완전하신 분의 손길은 늘 필요하다. 이 책의 이름을 『믿음 서바이벌』이라고 정한 이유이기도 하다.

이 글은 출생부터 내가 어떻게 자랐는지, 어떤 성향의 아이였는지, 가정 형편은 어땠는지, 어떻게 목회자의 자녀가 됐는지, 교회의 시작과 과정은 어땠는지, 그렇게 신앙생활하면서 겪었던 일들을 통해 8-90년대 한국 교회의 모습을 추억처럼 그린다. 또 그렇게 자란 청년 신구가 순박한 사랑에 빠져 어렵게 결혼에 골인한 이야기와 이후 하나님께서 내 가정을 빚어가시는 중에 발생한 몇몇 이야기를 소개한다. 그리고 열심히 살았지만, 한국 교회에서 부교역자로 살아가는 것이 결코 녹록지 않음을 청빙과 학업 이야기로 엮었다. 그런데도 우리가 하나님의 말씀을 붙잡고 살기만 하면 하나님은 절대 우리에게 등을 보이는 분이 아님을 오늘을 살아가는 내 모습을 통해 증명코자 했다. 한편으론 나와 비슷한 경험이 있는 분들의 공감과 소통을 끌어내어 조금이나마 위로와 힘을 드리고 싶었다. 그래서 어떻게든 주님 오실 때까지 함께 인내로 승리하자고 손잡으며 말하고 싶었다. '이미 그러나 아직'(already but not yet)이라고 말하지만, 뒷말에 방점을 찍지 말고 '아직 그러나 이미'(Not yet, but already)라는 말로 바꿔 말하면 좀 더 힘이 나지 않을까? "아직"이라는 말은 서바이벌한 삶을 사는 우리에게 도전보다 답답함을 줄 수 있으니까 말이다. 물론 그 반대의 의미로 해석할 수도 있지만.

여하튼 넘치는 간증으로 간증자를 우상화하지 않길 바란다. 거룩은 오직 하나님께만 있으니까. 그 때문에 오직 하나님과 복음으로 인해 변화된 모양새는 누군가의 전유물일 수 없다. 복음은 선택적으로 사람을 가리지 않으니 말이다. 간증자의 이야기를 통해 위로와 힘을 얻을 수 있지만, 진정 우리가 복음의 보편성을 인정한다면 도저히 구원받을 수 없는 우리를 거룩한 사람으로 변화시키시고 이끄시는 하나님을 더욱 의지해야 한다. 이것이 복음의 능력이다. 이 복음이 우리의 생각을 어떻게 이끌어가며, 우리의 마음과 감정을 어떻게 조정하시는지를 삶으로 드러내는 것이야말로 복음에 빚진 자의 삶일 것이다.

아무쪼록 이 글이 읽는 이들에게 동병상련의 동지애라도 느끼게 한다면, 그것만으로도 감사함을 금치 못할 것 같다. 한국 교회에서 믿음을 지킨다는 것! 아니 이미 이 땅에서 믿음을 지키며 산다는 것은 누구에게나 서바이벌이다. 예수님도 그러셨듯이 말이다. 물론 나보다 더한 어려움을 겪은 사람도 있고, 어려움을 덜 겪은 사람도 있다. 하지만 이런 어려움과 고통의 정도가 간증의 특별함일 수는 없다. 중요한 것은 복음의 작동이기에 저마다 처한 환경에서 믿음을 지켜가는 모습은 똑같지 않다. 하지만 그 중심에서 꿈틀거리는 영적 에너지의 결은 같다. 왜냐하면 그것은 거룩함과 변화의 주체이신 삼위일체 하나님께로부터 오는 것이기 때문이다.

이제 서문을 줄이겠다. 먼저는 출간을 위해 손잡아 주신 세움북스 대표 강인구 장로님과 다리가 되어 줌과 동시에 추천사까지 마다하지 않으신 정민교 목사님께 감사드린다. 또한, 부족한 책을 몇 배 풍성한 추천사로 빛내 주신 윤한나 집사님, 한미연 목사님, 김창신 집사님, 김주연

집사님께 감사를 드린다. 특별히 이 책을 통해 하나님께서 영광 받으시길 빌며, 읽는 모든 이에게 위로와 힘이 되기를 진심으로 소망한다.

2025년 2월
그리스도의 완전을 향해 오늘도 현재 진행 중인
성도 김신구 목사가

터진 꽃봉오리

세 살배기의 추억

내 이름은 김신구다. 믿을 '신'(信) 자에 건질 '구'(救) 자를 써서 '믿음이 너를 구했다'라는 뜻이다. 예전에는 자녀의 이름을 조부께서 지어 주시기도 했는데, 내 이름은 부친께서 작명하셨다. 당시 출생지는 경기도 문산읍 은현면이었는데, 내가 여기서 태어난 이유는 직업 군인이었던 아버지의 근무지가 이 근방이었기 때문이다. 주민등록상 출생 연월일은 1977년 1월 9일로 되어 있지만, 자라면서 1976년 11월 말쯤 태어났다는 말을 몇 번 들은 적이 있다. 아버지께서 군 생활로 바쁘셔서 출생신고가 늦어졌다고 한다.

하루는 옛 앨범이 눈에 띄어 보다가 우연히 내 아기 적 사진을 본 적이 있다. 내 첫돌 사진이었는데, 거기엔 선명히 1977년 11월 20일로 새겨져 있었다. 그러니까 내 진짜 출생은 1976년 11월 20일이다. 그런데 내가 국민학교에 입학할 때는 다음 연도 1, 2월생까지 전년도 생과 함께 입학할 수 있었다. 그래서 난 주민등록상 생년이 잘못된 거지 실제론 내 동년배인 76년생과 학교에 다닌 셈이다. 그러다가 2023년 6월 28일, 법제처에서 만 나이 통일법을 시행한 이후로 주민등록상 내 나이는 만 47세(용띠)다. 그러잖

아도 나이 얘기만 하면 애매했는데, 더 애매해진 것 같다. 아직도 내 주변에서는 연도로 나이를 묻곤 하기 때문이다.

여하튼 나는 초등학교가 아닌 국민학교를 나왔다. 우리나라가 1995년까지 '국민학교'라는 명칭을 사용했기에 일제의 잔재가 남아 있는 사회 분위기에서 어린 시절을 보냈던 거다. 이런 까닭인지 난 순우리말을 사용해야 하면서도 '벤또'라는 말이 낯설지 않다. 간혹 '유도리,' '기스,' '노가다'라는 용어가 아무렇지도 않게 툭툭 튀어나올 때가 있다. 특히 일본어 사용에 민감한 사람들이 듣기에는 이런 언어 사용이 별로 좋지 않지만 말이다. 더구나 내가 목사라고 하면 더 탐탁잖게 여길지도 모르겠다. 대한민국 국민으로서 언어 순화가 적절히 필요한 거지.

아무튼 2025년 현재 나는 기독교대한성결교회(성결교단)에 몸담은 고성중앙교회 담임 목사다. 물론 우리 교단에는 세습법이 없고, 타 교단 세습 기준을 갖다 대더라도 전혀 해당 사항이 없지만, 날 것 그대로 과하게 표현하면 난 세습(世襲) 목사다. 2021년 말, 부친께선 본인이 개척한 교회의 원로 목사가 됐고, 아들인 난 담임 목사가 됐다. 요즘 교계를 넘어 한국 사회에서도 세습 목사라고 하면 욕 들을 일이지만, 난 부귀영화를 한 몸에 떠안아 맘몬의 권세를 거머쥔 그런 담임 목사는 아니다. 가난과 궁핍을 고스란히 떠안은 세습 목사다. 그렇다고 내 경우를 합리화하려는 것은 아니다. 세습도 나름이지 나처럼 작은 교회, 소위 경상비가 2천만 원도 안 들어오는 미자립교회 목사가 세습이라면 다들 배를 잡고 웃을 게 뻔하기 때문이다. 그러니 좀 전에도 말했듯이 내가 세습 목사라고 말하는 것은 날 것 그대로 표현해서 그렇다는 말이다. 이에 대해선 자초지종 할 말이 많으니 이걸로 그치겠다.

이제 간략한 소개가 됐으니 어린 시절 치유 경험을 나누면서 이 책의 문을 열겠다. 물론 이 이야기는 내 생생한 기억에서 나온 것은 아닌 부모님께 들은 거다. 당연히 그럴 수밖에 없는 것이 세 살배기 아기가 뭘 기억하겠나. 그렇다고 부모님이 내게 거짓을 말할 리 없으니 잘 들어주면 좋겠다.

그러니까 7-80년대 우리나라는 위생 국가가 아니었다. 당시만 해도 우글거리는 이(louse)를 잡느라 숙인 머리에 에프킬라를 마구 뿌려대고선 빗질하면 이들이 후두둑 떨어졌다. 그러면 이놈들 한번 죽어보라는 불타는 복수심에 엄지손톱으로 사정없이 꾹! 꾹! 누르면 톡톡거리며 터지는 단발성 소리와 그 촉감에 희열을 느꼈다. 사람 머리에다가 에프킬라를 사정없이 뿌리던 시절. 지금 생각하면 무식한 방법이지만, 내 어린 시절 우리나라는 위생관리가 잘되지 않아 질병도 많았던 것 같다. 이제 꺼낼 내 세 살배기 시절의 치유 경험도 이런 부류의 이야기다.

난 숨이 멎었다가 다시 산 기적 같은 일이 있었다. 숨을 쉬지 않아 너무도 놀란 엄마는 급히 병원엘 가야 하는데 살던 곳이 면 단위 동네라 무척 시골이었고, 그만큼 병원은 그저 의원 수준이었다. 더구나 좀 더 나은 병원은 마을버스를 타고 고개 하나를 넘어야 하는 거리에 있었다. 갑자기 어린 아기가 정신이 나가고 숨이 멎는 상황에 버스를 기다리는 것조차 안절부절못했던 엄마는 날 업고 동네를 헤매다가 어느 한 목사님을 만나셨다. 그러고는 기적이라도 바라셨는지 죽어가는 내 모습을 보며 애타게 기도를 부탁드렸다. 무척 당황스러우셨겠지만 한 성도가 간곡히 기도를 부탁하는데 마다할 목사가 누가 있겠나. 엄마만큼은 아니시겠지만 그 목사님도 적잖이 안절부절못하셨을 거다. 하지만 제발 자기 아들을 위해 기도 좀 해 달라며 간청하는 새댁의 부탁에 목사님은 나를 꼭 안고 간절히 기도하셨다.

기도가 마쳐질 무렵, 정말이지 믿을 수 없는 일이 일어났다. 기도 시간이라고 해 봐야 얼마나 오래 기도하셨을 거라고. 그런데 얼마 지나지 않아 멎었던 숨소리를 쉬~ 쉬~ 기적같이 내쉬는 게 아닌가. 지금 생각으론 멎었던 숨이 진짜 멎었던 건지, 숨을 안 쉰다고 여길 만큼 가냘픈 숨이라도 붙어 있었는지 모르지만, 배움이 부족했던 엄마는 분명 숨이 멎었다고 지금도 말씀하신다. 이걸 믿어야 할지 말아야 할지 모르지만 말이다.

어찌 되었든 어머닌 그렇게 호흡하기 시작한 나를 데리고 급히 병원에 갔는데, 아니나 다를까 병명이 '콜레라'였다. 70년대 후반이었으니까 그때만 해도 우리나라 의료 수준이 높지 않았고, 6-70년대 우리나라에선 콜레라가 연례행사처럼 발병했었다. 이 시기는 세계적으로도 콜레라가 대유행하던 시기였다. 잘 알다시피 콜레라는 급성 설사와 구토, 중증 탈수 탓에 사망할 수 있는 제2급 감염병으로 당시로선 무서운 병이었다. 그때 우리나라는 위생 국가가 아니었던 게 분명하다. 쥐를 잡기 위해 고양이를 키우는 집이 흔했으니 말이다. 그랬던 길냥이들을 요즘엔 애완동물로 키울 줄 누가 상상이라도 했겠나. 열은 펄펄 끓고, 숨소리는 점점 미세해지고, 남편은 군 간부로 근무 중인 데다가 제대로 된 의료시설 하나 없는 외딴 시골에서 아기의 숨소리가 들리지 않았으니 홀로된 어미의 심장은 얼마나 조마조마 쿵쾅거렸을까. 이렇게 난 부모님의 기억에선 죽었다가 다시 살아난 부활급 아들이다. 정말 그 목사님의 기도로 숨을 쉬게 된 것인지는 잘 모르지만, 골든타임이라는 게 있으니 부활급일 수도.

해서, 난 기억에도 없는 위험천만한 일을 겪으면서 생애 초반부를 열게 되었다. 완전히 낫기까지 어떤 과정이 있었고, 숨이 멎은 시간이 얼마간 지속됐는지 전혀 모르지만 하나님께서 날 죽음에서 건져 주셨다고 떳떳이 말할 수 있는 것은 내가 그 병의 고통을 체험했고, 치료 과정의 어려움을 낱낱이 기억해서가 아니라 생명의 주권은 오직 우주 만물을 창조하신 삼위일체 하나님께 있음을 성경을 통해 믿기 때문이다. 이렇게 나는 우리가 사는 창조 세계와 모든 생명체의 주권이 기독교의 신이신 하나님께 있다고 믿는 그리스도인으로서 대한민국 남성 목사로 버젓이 살아가고 있다.

분식점 사장님은 군인 아저씨,
아들은 개구쟁이

아버지께선 직업 군인이었다. 육군 사병으로 입대하셨지만, 병장을 거쳐 부사관이 되었다. 그러곤 상사 임기가 다했을 때 단기 사관 시험에 합격해 장교(대위)가 되었다. 사실 아버진 제대를 원하셨지만, 고인이신 조부모님께선 군에 말뚝 박기를 원하셨다. 한창 혈기왕성한 청년 시절, 아버지에게 군 생활은 엄청난 고생이었고, 뼈아픈 서러움과 고독의 시간이었다. "장남~ 장남~" 하시면서 큰아들을 제일 사랑하셨던 조부모님의 마음은 셋째였던 아버지의 마음을 적잖이도 서럽게 했던 것 같다. 그러고선 고등학교 졸업과 동시에 곧바로 입대해 제대하기까지 11년이 걸렸다고 하신다. 관사에 들어갈 수 없었던 아버진 엄마랑 군대 밖 단칸방에서 신혼집을 차리셨는데, 그때 내가 태어났다. 오늘날로 말하면 원룸에서 태어난 거다. 제대 후 우리 가족은 아버지의 고향인 통영으로 내려갈 계획이었다. 그런데 통영에서 오랫동안 사업하며 살아오셨던 할아버지께서 그만 진주로 이사하신 바람에 우리의 거처는 진주가 되었다. 내 나이가 6살쯤 되었을 때였다.

사실 사는 곳을 옮긴다는 건 결코 쉬운 일이 아니다. 하지만 이사가 그렇게나 어렵지 않았던 이유 중 하나는 엄마의 친정(고향)이 사천이었기 때문이다. 진주, 사천, 통영이 모두 그 근방이니 우리 가족이 대한민국 최북단에서 최남단으로 이동하는 것은 되레 즐거운 일이었는지도 모른다. 하지만 제대 후 가진 것이라곤 거의 없었던 아버진 학교 앞이나 상가 주변이 아니라 한적해 임대조차 안 되는 허름한 공간 하나를 빌려 연탄 화로를 하나 갖다 놓고는 육군 대위 계급장이 달린 군복 차림으로 어묵 장사를 시작하셨다. 어묵을 20개 정도 육수에 담가놓고 노숙인 비슷한 모양새로 온종일 화로 앞에 앉아 손님을 기다리며 출입구만 뚫어져라 쳐다보던 아버지의 뒷모습이 내 기억엔 있다. 그야말로 참 볼품없는 가게에 그 사장이었다.

하지만 웬걸. 아버지가 차린 어묵 장사는 초장부터 너무 잘 됐다. 새벽 시장에 나가 사 온 어묵이 오전도 지나기 전에 다 팔려 다시 어묵을 사러 시장에 들르기를 하루에 두세 번은 기본이었다. 이런 루틴 때문에 오늘 좀 넉넉히 사 와도 장사는 어제보다 더 잘돼 시장가기를 삼시 세

끼 먹듯 하셨다. 특히 장사를 시작한 곳이 여자 고등학교 뒤편이었는데, 쉬는 시간만 되면 여학생들이 속옷이 보이든 말든 담벼락을 힘차게 뛰어넘어 와 사 온 어묵을 번개처럼 먹어 치워 버렸단다. 급기야 아버진 어묵만 아니라 팥 도넛과 핫도그 만드는 기술을 배워 빵을 팔기 시작하셨다. 또 당시 최고의 한국 대표 라면이었던 삼양라면과 죽, 계절 메뉴인 팥빙수까지 파시면서 아예 그곳에다 분식점을 멋지게 차리셨다. 불과 어묵 장사를 시작하신 지 몇 달이 채 되지도 않아서 말이다. 말하자면 첫 사업에 대박이 난 거였다. 아버지의 가게는 금세 입소문을 탔고, 이로써 부모님의 일과는 매우 바쁘셨다. 엄마의 앞치마 주머니는 만삭이 된 임산부처럼 늘 부풀어 있었다. 앞으로 난 부잣집 아들로 살기만 하면 되는 운명 같았다.

그래서인지 난 이래 봬도 유치원을 나온 70년대생이다. 아버지의 군 생활로 어릴 때부터 미제 초콜릿을 한가득 쌓아놓고 살았고, 미군을 통해 들어온 분유는 늘 떨어져 본 적 없이 컸었다. 그때만 해도 어묵과 핫도그는 엄청난 인기의 기호 식품이었지만, 난 거들떠보지도 않았다. 그냥 배고프면 하나 집어먹을 정도로 널린 게 그런 먹거리들이었으니 친구들이 모두 부러워하는 당대 최고의 분식집 아들이었다. 간혹 친구들에게 "핫도그 하나 줄까?"라고 하면 너 나 할 것 없이 손을 번쩍 들고 날 졸졸 따라다닐 정도로 골목대장 노릇에 재미를 느꼈다. 요즘은 "돈 앞에 장사 없다"고 말하지만, 그때는 우리나라가 배고픔의 서러움을 지나는 시기였기에 '먹는 것 앞에 장사 없는' 시절이었다. 난 자연스럽게 친구들 사이에서 짱이 되었고, 내 말 한마디에 이리저리 움직이는 친구들 모습에 재미를 느꼈었다. 이러니 버릇이 없을 만도 하지.

이처럼 부모님의 하루하루는 눈코 뜰 새 없이 바빴다. 하지만 진주성결교회 집사였던 두 분은 교회 생활에도 열심이었다. 하나님을 위해서라면 목숨도 내놓겠다는 일편단심으로 틈만 나면 교회 일을 자기 일처럼 하셨다. 전도하기에 힘썼고, 헌금도 많이 드렸다. 그러니 난 교회에서조차 아무리 까불고 말을 안 들어도 함부로 대할 수 없는 그런 귀한 집 자식이었다. 얼마나 짓궂었을까. 갑질이 뭔지 몰랐지만, 난 무의식적으로 갑질을 하고 있었는지도 모른다. 좋게 봐서 개구쟁이지.

하루는 다른 날보다 일찍 유치원에 등원한 적이 있었다. 난 몇몇 친구와 유치원 2층으로 올라갔다. 멀리서 다른 선생님들과 학생들이 등원하는 걸 구경하기 위해서였다. 그런데 그 모습을 보는 순간 번득이는 아이디어 하나가 떠올랐다. 풍선에 물을 넣어 2층에서 떨어뜨리는 장난 말이다. 상상 재미에 빠진 우린 조준점을 정하고 곧바로 실천에 옮겼다. 첫 번째 물 폭탄이었다. 투하! 정확히 조준점에 풍선이 떨어져 터지면서 물 파편은 여선생님(조준점)의 머리로부터 주변 모든 친구의 옷을 흠뻑 적시는 대참사로 이어졌다. 아버지의 첫 장사가 대박이었듯 그 아버지에 그 아들이었다. 단번의 실수도 없이 정확히 명중했다. 그러잖아도 나 때문에 애를 먹던 선생님이 여럿 계셨는데, 우연히도 그날 내 물 폭탄을 맞은 여선생님은 평상시 나 때문에 폭발 직전이었던 선생님이셨다. 그러시든 말든 재밌으면 다였던 난 물풍선 장난이 어찌나 재밌던지 이날 외에도 숱한 장난으로 즐겁고 행복한 유치원 생활을 했었다. 내가 조금 전에 갑질을 하고 있었는지 모른다고 했던가? 상황이 이런데도 유치원 원장님은 날 불러 야단 한번 치지 않으셨다. 내가 어렸기 때문인지 모르지만 불만과 항의는 늘 부모님께 돌아갔고, 물풍선의 피해자였던 여선생님은 그날 이후로 뵐 수 없었다. 시간이 조금 지나 알게 된 건데, 그날로 유치원을 그만두셨다는 얘길 들었다. 청년들에게 직장을 구한다는 건 하늘의 별 따기고, 교권 추락으로 많은 교사의 시위가 있었던 오늘날, 내 유치원 때의 행동은 분명 귀여움으로 용납될 행동이 아니었다. 이것도 그때였으니까 이 정도로 그친 거지.

또 하루는 여자아이들이 교회 앞마당 놀이터에서 재밌게 놀고 있을 때였다. 무척 개구쟁이였던 난 반사적으로 장난기가 발동했다. 조용히 뒤쪽으로 다가가 치마를 확 들추는 '아이스께끼'라는 놀이가 참 재미있었다. 그럴 때마다 여자아이들은 한껏 눈을 흘기며 모든 에너지를 집중해 레이저를 쏘곤 했지만, 그러면 그럴수록 더 재미를 느낀 난 도저히 장난을 멈출 수 없었다. 잡으러 오면 깔깔대며 도망 다니는 걸 더 즐거워했다. 그러다 어떤 여자아이는 펑펑 울기도 했지만 난 '왜 우는지, 그게 그렇게 울 일인지'라고 생각하며 장난을 멈출 줄 몰랐다. 지금은 아이스께끼라는 놀이가 시대 흐름과 의식의 많은 변화로 인해 엄연한 범죄 행위로 분류되지만, 2000년까지만 하더라도 상당히 짓궂은 변태스러운 장난 정도로만 생각했던 아이들 놀이였다. 내가 유치원생이던 80년대 초반에는 이런 장난은 심심찮게 볼 수 있었던 시대 분위기였다. 여하튼 이렇게 난 누구 하나 부러워하거나 의식하지 않고 제멋대로 살았던, 첫 사업에 대박 난 분식점 군인 사장님의 아들이자 헌금 많이 내는 집사의 아들로 행복하게 살았다.

계란 프라이 간장 비빔밥과 생선구이

아버지가 차린 분식점 이름은 "코코 분식"이었다. 지금까지 이 이름의 뜻이 무엇인지 여쭤본 적이 없어 잘 모르지만, 아는 건 자리가 좋건 안 좋건 상관없이 가게 장소를 여러 번 옮겼는데도 장사가 늘 잘됐다는 거다. 처음 장사를 시작한 곳은 진주였고, 두 번째로 옮긴 곳은 고성(경남)이었다. 그리고 다시 세 번째로 옮긴 곳은 고성 고속버스 터미널 근처였다. 여하튼 우린 아버지가 제대하신 후 곧장 진주로 거처를 옮겼지만, 다시 고성으로 거처를 옮기면서 난 1학년을 다 채우지도 못하고 전학을 가야만 했다. 이후에 알게 된 건데, 이사 이유가 고성에 이모네가 살고 있었기 때문이었단다. 당시 이모는 이모부와 포장마차를 운영했고, 아버진 엄마랑 분식점을 하셨다. 물론 동업은 아니었지만 말이다. 그리고 이 이야기는 두 번째 가게를 옮겼을 때의 이야기다.

처음 아버지의 가게는 가진 게 너무 없었기에 임대가 매우 저렴한 학

교 뒤편이었다. 하지만 이번에는 내가 다니는 국민학교 정문 바로 앞
에다 자리를 얻으셨다. 이곳에서 팥 도넛과 핫도그, 어묵과 팥빙수를
팔았으니 얼마나 많은 학생이 찾았겠나. 특히 우리 코코 분식은 내가
다니는 국민학교의 방앗간이었고, 아버지와 엄마는 늘 손이 모자라셨
다. 알바라는 단어가 없던 시절이었지만 난 국민 알바생(국민학교 알바생)
이었다. 당연히 알바의 대가는 널브러진 분식들이었지만 말이다. 그
러니 난 하교와 동시에 분식점 일을 돕기를 국민학교 1학년 때부터 해

왔었다. 비록 장난꾸러기였지만 참 기특하고 사랑스러운 아들이었던 게 분명하다.

간혹 어떤 날은 학생들이 갑자기 몰리면서 정신없이 장사하다가 재료가 다 떨어지면 하는 수 없이 일을 빨리 마쳐야 할 때도 있었다. 그럴 때면 엄만 한숨을 좀 돌리신 다음 여유롭게 저녁 식사를 준비하셨는데, 그날은 늘 따뜻한 밥에 계란 프라이를 올려 맛 간장과 함께 비벼 주셨다. 그러다 보니 어린 시절 이 음식은 내 최애 메뉴였다. 여기에 간혹 연탄불에 구운 고등어 두어 마리와 함께 식사할 때면 그날 저녁상은 일류 최고의 밥상이었다. 하지만 아버진 늘 머리와 꼬랑지를 드셨고, 긴 뼈를 발라 뼈에 붙은 살만 쩝쩝 빨아 드셨다. 그리고 살코기는 항상 엄마와 내 밥숟가락에 올려주셨다. 하루는 저녁 식사 중에 아버지와 이런 대화를 나눴다.

"아빠."

"와?"

"아빠는 왜 고기를 안 묵어예?"

"와, 아빠도 묵는다."

"예? 아빠는 맨날 살을 안 먹던데예."

"그거는 니가 몰라서 그렇다. 생선에서 제일 맛있는 부분은 머리하고 꼬랑지다. 그니까 아빠는 제일 맛있는 부분을 혼자 다 묵는 기다?"

사실 아버지께 이런 대답을 들었지만, 난 아버지가 늘 살코기를 안 드시는 것이 맘에 걸렸다. 하지만 아버진 내 이런 질문에도 한결같이 머리와 꼬랑지만 드셨다. 생선구이를 맛있게 먹는 아버지의 소신이었을까? 무려 42년이 지난 지금도 말이다.

하루는 엄마와만 있을 때였다. 웬일인지 엄마는 아버지가 안 계신 데도 계란 프라이와 고등어 한 마리를 구워오셨다. 이 음식들은 종종 먹을 수 있는 것이 아니었기에 조금 의아하게 생각했었다. 특히 아버지가 계시지 않으면 더 구경하기가 쉽지 않았기 때문이었다. 어쨌든 내겐 엄마랑 단둘이 먹었던 그때 저녁 식사의 추억이 큰 행복함으로 남아 있다. 그 이야기를 좀 나누려고 한다.

두 사람이 맛있게 저녁 식사를 했다. 그런데 나도 모르게 내 손이 생선 뼈를 바르고 있는 게 아닌가. 그러고선 엄마에게 밥을 뜨라고 하고 자연스럽게 숟가락 위에 살코기를 얹어 드렸다. 순간 엄마가 어찌나 행복하게 웃으시던지 그때 엄마의 얼굴은 지금도 생생하다. 엄마는 한없는 사랑의 눈동자로 나를 쳐다보시고선 빙그레 웃으시며 말씀하셨다.

"신구야, 니 와 엄마한테 살을 주노."
"어… 아빠가 업따 아이가. 아빠가 움시모 내가 이리 해야 하는 거
아이가?"

그러고선 난 자연스럽게 생선 머리와 꼬랑지를 먹으려 했다. 아버지가
없는 틈을 타서 생선의 진미를 맛보려고 한 것이었을까? 하지만 이를
보고 그냥 내버려둘 엄마가 누가 있겠나. 당연하게도 엄마는 자기가
먹겠다며 달라셨다. 그러곤 발라 드린 살코기는 결국, 내 입 안으로 쏙
쏙 들어갔다. 정말이지 계란 프라이 간장 비빔밥 위에 얹어 먹은 고등
어는 천상의 맛이었다. 하지만 엄마는 제대로 드시지도 않으시면서 어
찌나 행복해하시던지 식사는커녕 웃으시느라 시간을 다 보내셨다.

며칠 뒤 아버지가 오셨다. 나중에 알게 된 거지만, 예비군 훈련을 다녀
오느라 집을 비우셨던 거였다. 그때는 예비군 훈련으로 숙박까지 하던
시절이었다. 저녁 식사 시간이 되어 세 식구가 밥상에 도란도란 둘러
앉아 식사하는데, 엄마와 아버지의 대화를 듣게 됐다. 내가 생선을 발
라 엄마의 숟가락에 살코기를 얹어 드린 얘기였다. 엄마는 그때도 방

굿한 미소를 띠며 아버지께 말했는데, 이 얘길 들은 아버진 사랑의 눈동자로 나를 쳐다보셨다. 그러고선 내 밥숟가락에 다른 때보다 더 큼직한 생선 살코기를 올려주셨다. 당연히 생선 머리와 꼬랑지는 아버지의 것이었다. 아버지가 며칠간 집을 비우셨다가 돌아오셨기에 엄마는 그날도 계란 프라이에 고등어구이를 준비하셨던 거였다.

사실, 그때는 엄마의 표정을 잘 이해하지 못했다. 뭐가 그렇게 좋으신지. 하지만 지금은 충분히 안다. 그것이 얼마나 큰 행복이고 기쁨인지를. 그리고 내가 한 일이 뭐 그리 대단한지 사랑의 눈동자로 쳐다보신 아버지의 눈빛도 내게는 선하다. 왜 그렇게 날 흐뭇하게 쳐다보셨는지. 그날 우리 세 식구는 동그란 철판 밥상에 둘러앉아 아주 행복한 저녁 식사를 했다. 그리고 아내와 자녀에 대해 헌신적 사랑이 일평생 철칙이 돼 버린 아버진 지금도 생선 머리와 꼬랑지만 드신다. 무려 42년이 지났는데도 말이다. 그것이 남편이자 아버지의 사랑이라 여기시며….

우리 집은 창숙이네 집

천성이 어딜 가겠나. 무척 개구쟁이였던 난 한 살 두 살 나이를 먹을수록 장난기가 진화했다. 유치원 때도 장난이 심해 말썽을 피우더니 국민학교 때라고 달라지는 건 없었다. 도리어 업그레이드된 내 장난은 교묘히 담임 선생님의 눈을 여유롭게 피해 웬만해선 들키는 법이 없었다. 결국, 이렇게 진화한 내 장난은 짓궂음의 선을 넘어 버렸다. 나만 즐거우면 그만일 만큼 이기적으로 변했다. 뭐든 내 요구대로 안 되면 성질을 부리면서 어떻게든 뜻대로 해야만 직성이 풀리는 소년으로 자라갔다. 그때는 녹색 페인트칠이 된 책상을 남녀가 짝이 되어 함께 사용했는데, 수업 시간이 끝나면 내 짝은 쉬는 시간이 아니라 곤욕의 시간이었다. 지우개를 좀 쓰자는데 안 빌려 주거나 정중앙에 선을 긋고는 조금이라도 넘어오면 짜증을 냈다. 혼자 생각이지만, 어릴 때 장난이 심한 아이가 어른이 되면 더 많은 사회적 문제를 일으키지 않겠느냐란 생각이 들 정도로 신경 쓰이는 소년이었다. 이쯤이면 어떤 분은 그럴 거다. 아니, 엄마 밥숟가락에 살코기를 올려주던 사랑스러운 소년 신구는 어디 가고 학교에서는 제멋대로라니. 살짝 이해는 안 가겠지만 집과 학교에서의 내 모습은 분명 달랐다. 자세한 이유는 몰라도 아마 학교에선 분식집 사장 아들의 권세가 어느 정도 작동하진 않았을까 싶다.

아무튼 그때는 친구들끼리 싸워 코피가 터지고 멍드는 일이 다반사였다. 자식들 싸움이 부모 싸움이 된다든지 신고해 경찰이 출동한다는 건 하나의 풍경일 뿐 보기 드물었다. 행여 아이들 싸움에 부모들끼리 고성이 오가더라도, "에이, 뭐 애들이 놀면서 싸우기도 하고 다치기도 하고 그러면서 크는 거죠"라고 누군가 내뱉으면 그건 싸움의 종료를 암시할 만큼 익숙한 마무리 멘트와 같았다. 그만큼 그때 이런 말은 성장하는 과정에서 흔하게 듣는 말이었다. 오히려 이 말은 좀처럼 싸움이 해결되지 않을 분위기면 경찰들이 나서서 싸움을 해결하기 위한 수단처럼 사용했다. 더욱이 그때는 이런 분위기를 공사 구분이 없는, 그저 사사로움으로 꿰맞추는 한국 사회의 낮은 공공성 문제로 보지 않았다. 공공성의 의미보다 인간적 정(情)이 통하는 사회였다. 그냥 "에이~ 형님~ 아우야~" 그러면서 술잔만 쨍그랑 부딪히면 대부분 문제는 그 시로 해결되는 분위기 말이다. 오늘날의 사회에서는 공공성이라는 말을 자연스럽게 사용하지만, 그 당시엔 정이라는 것이 인간관계와 우리 사회를 움직이는 실제적 힘이었다. 그러다 보니 요즘 생각에 폭력까지 일삼았던 못돼먹은 내 장난기도 큰 문젯거리는 아니었다. 이렇게나 버릇이 없던 난 학교와 동네가 내 세상이었고, 친구들의 괴로운 탄성은 내 삶의 이유와 즐거움이었다. 하지만 아들의 이런 행동을 모르셨던 부모님은 장사하시느라 눈코 뜰 새 없이 바쁘셨다. 이제 꺼낼 이야기는 외적 폭력성이 짙었던 유년 시절, 누구도 외적 힘을 가할 수 없는 한 수업 시간에 마치 제압당한 듯한 느낌을 받아 순간적으로 굳어진 내 감정 이야기다.

때는 사회 시간이었다. 그날 수업 내용은 거주지와 집 구조에 관한 것이었는데, 선생님도 학생들 집안 사정에 그리 신경 쓰지 않는 분위기에서 무심코 몇몇 친구에게 물으셨다.

  "○○는 어데 살아? 너그 집은 우찌 생깄노."

요즘에는 초등학생이라도 이런 질문은 가정 형편에 대한 직접적인 물음이기에 예민한 것이지만, 그땐 80년대였고 읍 소재지에 국민학교 명칭을 사용하던 시절이었기에 선생님도 스스럼없이 편하게 물으셨다. 그렇게 몇몇 친구에게 물으시다가 이번에는 창숙이라는 여자 친구에게 물으셨다.

"창숙아~ 니는 무슨 동에 사노? 창숙이 너그 집은 우찌 생깄는지 함
말해 봐."
"예, 선생님. 어… 우리 집은 그냥 주택이고예. 방은 원래 다섯 개고,
부엌은 두 갭니더."
"아… 그래~ 창숙이 너그 집은 엄청 크고 좋네."

선생님은 창숙이의 대답에 놀란 목소리로 친절히 반응하셨다. 그런데
이런 질문과 대답이 오간 뒤 창숙이는 곧장 나를 쳐다봤다. 불길한 예
감이 들었다. 그러자 선생님도 창숙이의 눈길에 따라 나를 쳐다보셨
다. 나와 눈이 마주치자 선생님은 같은 질문을 내게 하셨다.

"어… 인자는 신구한테 함 물어보까? 신구 너그 집은 우떻노?"

평상시 같으면 대답도 잘하고 좀 까불었을 텐데, 그땐 왠지 모르게 뜨
문뜨문 대답했다.

"예, 선생님. 우리 집은 어… 방이 2개고, 부엌은 하납니더."

"어… 그래. 신구 너그 집은 아담하이 좋네."

그런데 선생님의 말씀이 끝나자 또 창숙이가 날 쳐다보며 이렇게 말했다.

"선생님, 야~ 우리 집에 살아예."
"뭐? 신구가 창숙이 너그 집에 산다꼬?"
"예, 원래는 우리 집인데, 한쪽 방을 잠가 삐고 거서 살아예."
"아~ 그래~ 음…."
"그래서 우리는 방 3개하고 부엌 1개 쓰고, 신구 집은 방 2개하고 부엌 1개를 써예."
"아… 그렇구나. 너그 둘이는 반도 같은데 사는 집도 같네. 와~ 같은 반 친구끼리 같이 사니까 좋겠다. 아이모 앞으로 둘이 결혼해 가 계속 쭉 같이 살던가. 그라모 집도 넓게 쓰고 안 좋겠나. 허허허."

그러자 4-50명씩이나 되는 우리 반 분위기는 일제히 웃음바다가 돼 버렸다. 지금 생각하면 선생님도 나처럼 참 짓궂으셨던 것 같다. 하지만 나는 웃음이 나오지 않았다. 아니, 내겐 그 상황이 전혀 웃기지 않았다. 모든 친구가 웃었지만, 유독 날 보며 웃고 있는 창숙이 얼굴이 클로즈

업되는 것처럼 눈에 쏙 들어왔다. 선생님은 나랑 창숙이가 같은 반인데다가 같은 집에 살기에 친하게 잘 지내라는 의미로 말씀하셨지만 난 매우 난감했다. 순간 누구도 못 말리는 개구쟁이 4학년 신구는 무엇 때문인지 말문이 막혀 꿀 먹은 벙어리가 돼 버렸다. 이런 대화가 오가는 중에 친구들은 모두 나만 쳐다보며 막 웃어댔다. 누구도 내게 외적 힘을 가하지 않았지만, 난 뭔지 모르는 기운에 눌려 버렸다. 그냥 우리 집이 창숙이 집이라는 것만으로, 우리가 창숙이네 집에 산다는 것만으로도 뭔가 모르는 힘에 제압당하고 말았다. 살면서 처음 느끼는 기분이었기에 지금도 난 그때 교실 분위기가 생생하다. 물론 이것은 자본주의가 낳은 경제적 박탈감 때문이었지만, 어린 소년이었던 난 그때의 불편했던 이유를 전혀 알지 못했다. 그래서인지 나도 모르게 그만 조용히 있었다. 한순간 놀림감이 된 기분이었다. 아무런 잘못도 없는데 말이다. 그때 사회 시간은 못돼먹은 장난꾸러기 녀석에게 자본주의의 쓴맛을 처음으로 맛보여 준 시간이었다. 잊지 못할 시간으로 말이다.

하지만 어린이였던 난 그렇게 학교 수업을 마친 후 언제 그랬냐는 듯이 학교 정문 앞에 늠름히 서 있는 우리 가게, 코코 분식으로 향했다. 사회 시간 동안 느꼈던 기분은 어느새 사라져 버렸고, 여느 때와 같이 장난꾸러기 모드로 자연스럽게 전환됐다. 그건 나뿐 아니라 다른 친구들도 마찬가지였다. 하지만 이 재미에 맛을 본 친구가 한 명 있었으니 이름하여 창숙이였다. 여하튼 분식점에 도착한 나는 엄마가 시킨 일을 돕다가 가게에 온 친구들에게 핫도그를 팔기도 하고, 방에서 TV도 보면서 혼자 잘 놀았다.

그렇게 일과를 마치고, 부모님과 난 우리가 살던 집(창숙이네)으로 향했다. 부모님도 나도 다 씻고 맛있게 저녁 식사를 할 시간이었다. 도란도란 세 식구가 앉아서 식사하는데, 문득 사회 시간이 떠올라 부모님께 질문을 드렸다.

"아빠?"

"와?"

"근데 여가 우리 집입미꺼~ 아이모 창숙이 집입미꺼?"

두 분의 눈이 자연스럽게 마주쳤다.

"어… 우리가 살긴 하는데, 창숙이 집에서 잠깐 사는 기지?"

"아, 그래예. 음… 그냥 우리 집에서 살면 안 됩미꺼? 와 창숙이 집에서 살아예?"

"음… 그건 엄마, 아빠 계획이 있는데, 그때까지만 여서 잠깐 있는 기
다."

"아… 그래예. 음…."

난 아버지의 말씀대로 다른 계획이 있어서 잠깐 사는 줄만 알았다. 그
냥 어렸으니까 부모님 말씀이라면 다 그런 줄 알았지 다른 생각을 할
만한 나이가 아니었다. 그러고는 부모님께 오늘 사회 시간에 있었던
일을 말씀드렸다. 창숙이가 "선생님, 신구~ 우리 집에 살아예"라고 한
말에 친구들이 다 웃었다고. 그런데 난 하나도 웃기지 않았다고. 그러
자 부모님은 다시 서로를 쳐다보시더니 아무런 말씀도 없이 식사만
하셨다. 그렇게 잠시 조용한 분위기가 흐른 뒤 이번엔 엄마가 내게 물
으셨다.

"친구들은 다 웃는데, 신구 니만 안 웃었다고?"

"어~."

"와 니는 안 웃었노? 쫌 부끄럽더나?"

"음… 이유는 잘 모르겠고, 친구들은 다 웃는데 나는 이상하이 웃음
이 안 나오데."

"아…."

그러자 두 분은 애처로운 눈빛으로 날 쳐다보셨다. 그러니까 우린 창숙이네 집에서 곁방살이하고 있었던 거였다. 진주에서 분식점을 할 때 어느 정도 돈을 많이 벌었는데 다 어떡하셨는지. 커서 알았지만 아버진 첫 분식점에서 번 돈 전부로 조부모님의 집을 사 드리셨다. 그것도 80년대에 붉은 벽돌로 지은 단독주택(양옥집)으로 말이다. 그리고 지금은 고성으로 이사를 와서 돈 한 푼 없이 젊은 뚝심 하나로 새롭게 장사를 시작하신 거였다. 효자였던 아버지는 아직 젊으니까 연세 드신 조부모님께 효도하는 것이 당연하다고 여기셨다. 그런 줄 몰랐던 난 곁방살이하면서도 여전히 분식점 아들로 행세하면서 어깨에 힘을 주고 다닌 거였다. 그때까지 누구에게도 제압당한 적 없었던 난 4학년 사회 시간에 비로소 자본주의의 힘이란 걸 처음으로 조금 맛봤던 거였다. 지금까지 그때 일을 기억할 정도니. 부모님께선 그때도 장사가 잘돼 돈을 많이 버셨지만, 부지런히 일만 하시면서 매우 청빈하게 사셨다. 왜냐하면 교회 개척을 준비하고 계셨기 때문이었다.

그날 우리 세 식구는 이렇게 저녁 식사를 마쳤다. 엄마가 밥상을 치우자 아버진 부엌으로 나가 연탄을 바꾸셨다. 아래엔 새것을, 위에는 아래쪽에 있던 헌 연탄을 놓고 수명이 다한 연탄은 집 문 앞으로 내놓으셨다. 많은 사람이 연탄불에 의지해 추운 겨울을 보내던 때, 보일러가 있던 집은 경제적으로 여유가 있는 집이었다. 한 집이었지만 창숙이네는 따뜻한 물줄기에 노래까지 섞여 샤워하는 소리가 들렸고, 우리 집은 주방 겸 연탄을 때던 작은 공간에서 오돌오돌 추위를 느끼며 바가지로 물을 끼얹어 샤워했다. 그래도 난 창숙이가 단 한 번도 부럽다고 느껴본 적이 없었다. 왜냐하면 하얗게 변한 연탄은 움푹 파인 길바닥에 던져 빗물이 고이지 않게 땅을 돋우거나 빙판에 미끄러져 넘어지지 않게 하는 일종의 내 놀잇감이었기 때문이다. 내가 동네 코흘리개들과 연탄 던지기 놀이에 푹 빠져 있을 때, 창숙이는 부러운 눈빛으로 날 바라봤다. 왜냐하면 창숙이 부모님은 연탄 가루 날린다고 연탄에 손을 못 대게 했기 때문이었다. 이렇듯 경제적 형편은 어릴 때부터 노는 물을 구분했다. 과연 무엇이 더 행복한 걸까? 아니면 이런 구분은 옳은 것일까?

어슴푸레한 실재,
생각이 열리다

교회의 시작,
흰 구름 뭉게뭉게 피는 하늘에

1987년 2월 24일, 아버지께서는 운영하던 가게를 정리하고 지금의 교회인 고성중앙교회(기독교대한성결교회)를 개척하셨다. 그동안 분식점을 운영하시며 모은 돈은 전부 이를 위한 것이었다. 개척은 이모네 집 바로 옆인 단독주택을 구매해 시작하셨지만, 사실 그 집은 단독주택이라고 하기엔 민망할 정도로 다 쓰러져 가는 슬레이트집이었다. 또 지역은 시장통 뒤쪽이었는데, 주로 시장 상인들이 거주하는 주택가였다. 게다가 이곳은 지역 특성상 집창촌과 붙어 있어 집값이 매우 저렴한 빈민촌이었다. 그러니 포장마차로 전전긍긍하며 생계를 이어갔던 이모네는 유흥과 윤락업소 주변이더라도 저렴한 집값에 경제적 유통이 유리한 시장통에다 거주지를 마련해 사셨던 거였다.

가정집을 사서 교회를 시작한 것! 그건 그렇다만 집창촌 옆에다 교회를 시작한 건 내가 어렸기에 망정이지 커서는 이해가 잘 가지 않았다. 여러 이유가 있겠지만 무엇보다 음란한 주변 환경 때문이었다. 더구나 이모네 집이 교회와 바로 붙어 있었기에 어린 시절 그곳은 내 아지트였다. 말로는 교회가 지역사회보다 더 타락하고 어둑한 곳에 있다는 것이 거룩하고 멋있어 보일지 모르지만 말이다. 어쩌면 아버진 그런 곳에 교회를 세워 하나님의 놀라운 기적을 기대하셨을는지도 모른다. 교회는 세상의 소금과 빛이니까. 어쨌든 그렇게 시작한 우리 교회는 이모네 가정과 함께 교회를 시작했고, 감사하게도 우리에게 집을 판 B씨 가정도 개척 멤버가 되어 세 가정으로 출발할 수 있었다. 집창촌 여성들과 동네 아이들이 함께 사는 곳, 바로 이런 곳에 우리 고성중앙교회가 세워진 거였다.

그런데 놀랍게도 교회를 시작한 지 얼마 지나지 않았을 때 동네 아이들이 한 명 두 명 모이더니 금세 교회학교가 생겨 버렸다. 유흥과 윤락이 즐비한 곳에 교회를 개척한 것이 여전히 이해가 안 되지만, 고성중앙교회의 시작은 지금 생각해도 놀랄 만한 개척이었다. 토요일이면 이모네는 주일에 올 아이들을 위해 꽈배기와 팥 도넛을 준비하셨고, 아버진 큼지막한 전지에다 굵은 매직 글씨로 돌아오는 주일예배 때 배울 어린이 복음송을 늘 준비하셨다. 그러니까 어린이 찬송가를 매주

한 곡씩 가르치신 거였다. 그때 배웠던 복음송이 "돈으로도 못 가요 하나님 나라," "예수님이 말씀하시니 물이 변하여 포도주 됐네," "예수께로 가면 나는 기뻐요," "아침에 밝은 햇빛과," "그 누가 문을 두드려," "찬송을 부르세요," "싱글벙글해," "실로암"과 같은 곡이었다. 그리고 매 여름이면 항상 불렀던 "흰 구름 뭉게뭉게 피는 하늘에"는 한국 교회에서 빠질 수 없는 추억의 성경학교 복음송으로 굳건히 자리매김하고 있다. 이 복음송 가사가 참 좋다.

> 흰 구름 뭉게뭉게 피는 하늘에
> 아침 해 명랑하게 솟아오른다
> 손에 손 마주 잡은 우리 어린이
> 발걸음 가벼웁게 찾아가는 길
> 즐거운 여름학교 하나님의 집
> 아 아 진리의 성경 말씀 배우러 가자

아마도 아련한 동심과 교회 생활의 즐거운 추억 때문도 있겠지만, 이 복음송은 오늘날 불러도 전혀 시대에 뒤떨어진다는 느낌이 없다. 여전히 정겹고 은혜로운 가사를 가진 것 같다.

그런데 얘길 했으니까 하는 말인데, 아버지의 교회 개척은 처음이 아니었다. 경기도에서 군 장교로 근무하실 때 문산시 은현면에다 처음으로 교회를 개척하셨다. 당시 교회 이름은 문산감리교회(지금은 중형 규모의 지역교회로 성장함)로 성도 신분으로 교회를 세우셨다. 그러곤 아이들을 전도하려고 하나뿐인 동네 구멍가게에다 외상을 달아놓고선 먹고 싶은 대로 마음껏 먹으라고 허락하셨다. 그래서 매월 가져오는 월급이 쥐꼬리만큼이었는데 어떤 날은 외상을 갚고 나면 가져온 돈이 없으셨다. 아니, 정확히 말하면 제대하시기 전까지 외상을 다 갚은 날이 단 한 번도 없었다고 엄마는 말씀하신다. 그리고 진주로 오셨다가 다시 고성으로 거처를 옮기시고선 집사로 몸담을 교회를 찾으시다가 고성에서 제일 큰 두 교회 중 고성교회(장로교단)에 출석하셨다. 때마침 내가 다니던 학교에서 불과 2-30m 떨어진 곳이었기에 학교, 우리 가게, 교회는 모두 서른 발짝 이내였다. 그러곤 고성교회로 간 지 얼마 지나지 않아 교회학교 교사로 임명됐고, 짧은 시간 동안 큰 부흥과 성장을 맛보셨다. 30명 정도 되는 유초등부가 반년이 채 안 돼 100명을 넘어섰으니 말이다. 그리고 일 년 사이에 200명을 넘어설 만큼 놀라운 부흥과 성장을 경험하셨다.

이렇게 유초등부가 부흥하자 아버진 금세 교회에 소문이 났고, 모든 중직자의 관심 대상이 되었다. 하지만 뭐든 일이 잘된다고 늘 좋은 것만은 아니다. 아버진 곧장 그 교회 중고등부 부장 장로로부터 시기와 질투를 받았다. 이 눈총이 얼마나 심했던지 아버진 교회 지하창고에 감금까지 당하셨다. 이후에 아버지께 들은 거지만, 그 중고등부 부장 장로가 아버지를 내쫓은 후 유초등부 부장 장로가 됐다고 했다. 참 어이가 없고 기가 막힌 소식이었다. 결국, 그 교회에서 신앙생활 할 수 없게 된 아버진 고성교회를 떠나 원래 신앙생활을 하셨던 성결교회로 옮기셨다. 그리고 그 교회에서도 교회학교와 중고등부에 몸담고 헌신하시면서 큰 부흥과 성장을 맛보셨다. 하지만 결국, 그 교회에서도 고성교회에서의 아픈 경험처럼 온갖 모함과 핍박을 받으셨다. 이런 아픔 끝에 아버진 목회자가 되기로 결심하셨고, 늦은 나이에 부산신학교를 다니셨다. 그러면서 젊은 전도사로 교회를 개척하신 것이 지금의 고성중앙교회다.

아버진 "내게 능력 주시는 자 안에서 내가 모든 것을 할 수 있느니라"라는 빌립보서 4장 13절 말씀을 붙잡고 개척하시면서 복음 전도에 무척 힘쓰셨다. 본인이 담임이 되면 누구에게도 제재받지 않으니 교회 부흥에 매진할 수 있으리라 여기셨던 것 같다. 그렇게 시작한 우리 교회는 비록 집창촌 옆 빈민촌에서 시작했지만, 점점 아이들이 늘어나 교회학교가 만들어졌고, 주택 공간으로는 도저히 인원을 수용할 수 없어 교회 자리를 옮기게 되었다. 참으로 놀라운 부흥과 성장이었다.

이윽고 아버진 250평 정도 되는 버려진 밭을 임대해 그곳에다 천막을 치셨고, 정문 위에다 나무 십자가를 세우셨다. 그리고 여느 때와 같이 열심히 교회학교와 중고등부 학생들 전도에 힘쓰셨다. 시장통 뒤편 빈민촌에서 이동할 때 40명 정도였던 우리 교회는 금세 성장하여 1년 사이에 교회학교 60명, 중고등부 60명을 넘어 교육부가 장년부보다 더 많은 교회가 되었다. 이 소문이 고성 지역에 퍼지자 고성 지역 교회들

은 우리 교회에 주목하기 시작했다. 우리 교회는 고성중앙교회라는 이름을 가지고 있었지만 교회 이름보다 '천막 교회'라고 하면 불신자들도 알 만한 교회로 소문이 났다. 상황이 이렇다 보니 아버지를 쫓아낸 고성교회와 성결교단 교회도 이 소식을 들었고, 고성교회 성도들 몇몇 분이 주일에 찾아온 적도 있었다. 이때가 고성중앙교회가 세워진 지 2년 차였다. 개척 3년 만에 교인 300명 돌파는 시간문제로 보였다. 물론 교회학교가 200명 가까이나 되는 교회였지만 말이다. 교회는 활기가 넘쳤고, 아이들과 학생들의 젊음이 북적였다. 이렇게 고성중앙교회는 아주 재밌고 역동적인 교회로 커 갔다.

그런데 사탄은 교회가 부흥·성장하길 가만히 두고 볼 녀석은 아니지. 이렇게 성장할 때 그만 큰 사건이 터지고 말았다. 재정을 맡았던 집사가 교회 돈을 가지고 잠적해 버린 거였다. 말하기가 민망할 만큼 그 재정 집사는 다름 아닌 이모부였다. 친족이든 뭐든 담임 전도사가 재정을 맡겼으니 누구에게도 뭐라 할 수 없었던 아버진 망연자실하였고, 엄청난 상처와 배신에 무척 힘겨워하셨다. 하지만 그보다 더 가슴 아파하며 고통의 시기를 보내야만 했던 사람은 이모였다. 자기 남편이 교회 돈을 훔쳐 달아났으니, 더구나 바람이 나 딴 여자랑 살고 있다는 소릴 들은 여인의 마음은 어땠을까? 그리고 언니의 일로 무척 속상해

날마다 눈물을 훔쳤던 엄마의 마음은 이루 말할 수 없었다. 부흥과 성장을 맛보며 비상의 날개를 달았던 우리 교회는 한순간 엄청난 쓰나미를 만나게 되었다.

하지만 아버진 이 사실을 이모와 조카들 때문에 성도 누구에게도 말씀하지 않으셨다. 착하디 착하셨던 이모는 새벽마다 흐느끼며 기도하셨고, 남편 문제로 교회를 떠나는 건 하나님 보시기에도 그렇지만 사람에게도 무책임하다고 여기셨는지 교회를 떠나지 않으셨다. 잘은 모르지만, 난 당시 이모(언니)와 엄마(동생)가 싸우거나 말다툼하는 걸 단한 번도 본 적이 없었다. 엄만 활발하고 명랑한 성격이었지만, 이모는 매우 조용하고 천사 같은 분이셨다. 두 분은 누가 뭐래도 참 의좋은 자매였다. 건강하게 성장하고 있었던 세 살배기 고성중앙교회는 300명 돌파를 코 앞에 둔 상황에서 거센 바람을 맞아야 했다. 사탄은 돈과 음란을 이용해 믿었던 친족에게 배신과 아픔을 느끼게 했고, 우리 교회를 무척 힘들게 공격했다.

시간이 약이라고 서너 달이 흐르자 아버지와 엄마의 마음도 서서히 회복되는 듯했다. 하지만 여전히 회복이 불가했던 분은 이모였다. 이모는 열심히 포장마차 일을 해 번 돈을 모아 교회에 헌금했지만, 누구에게도 말 못 할 고통을 감내해야만 했다. 남편이 교회 돈을 횡령한 것도 그렇지만, 일평생을 건 여자에게 바람난 남편은 도저히 감당하기 힘든 일이었다. 오랜 시간이 지나 알게 된 거지만 이모부와 눈이 맞았던 여자는 이모네 포장마차 가게에서 불과 500m 정도 떨어진 곳에서 단란주점을 운영하던 사장이었다. 그렇게나 가까이 있었지만 아무도 아는 사람이 없었다. 잘도 숨어 지냈던 모양이다. 하지만 비밀이란 게 얼마나 오래가겠나. 결국 지나는 동네 행인에게 이모부는 발각됐고, 이 사실을 안 이모는 이모부와 여러 차례 만남을 시도했지만 만날 수 없었다. 음란과 돈의 유혹에 빠졌던 이모부는 끝끝내 이모에게 용서를 구하지 않았고, 단란주점 여사장과 살았다. 이후 이 사실을 안 아버지도 이모부를 여러 번 만나려고 하셨지만, 이모부는 그때마다 잠적해 행적을 감췄다. 하지만 아버진 천사같이 맑고 성격마저 조용한 이모의 눈물과 고생을 누구보다 잘 아셨기에 이모부를 고소하지 않았다.

그렇게 이모는 2년여의 세월을 버티셨는데, 어느 날 갑자기 네 명의 자녀와 함께 부산으로 이사를 하셨다. 이모부가 횡령한 교회 돈을 다 갚으신 이후였다. 이러려고 2년을 눈물로 버티셨던 거였다. 평생 포장마차 장사만 하셨던 이모는 다른 기술이 없었기에 부산에서도 포장마차를 운영하시면서 전전긍긍 살아가셨는데, 이렇게 자녀들을 위해 한 푼

두 푼 모으기를 수년을 하시다가 남편에 대한 깊은 상처와 인생에 대한 회의로 스스로 생을 마감하셨다. 나중에 이 소식을 들은 우리 가족은 부산으로 향했고, 어릴 적부터 의좋은 자매로 지낸 엄마는 이모의 방에서 한없이 가슴을 치며 우셨다. 때는 90년대 초중반, 이모는 자식들에게 미안하다는 유서와 함께 도합 5,000만 원 상당의 통장 두 개를 남기고 조용히 세상을 떠나셨다. 이날은 엄마에게 남은 친정 가족 두 명 중 한 분을 잃은 날이었다. 그렇게 부산을 다녀오신 부모님은 힘겹게 목회를 이어가셨다. 엄마는 당장이라도 달려가 이모부를 때려죽이고 싶은 심정이었을 텐데 말이다. 안타까운 것 중 하나는 이모부는 어릴 적 이모, 엄마와 함께 잘 지내던 동네 오빠였다는 사실이었다. 이렇게나 힘겨운 시간을 보낸 고성중앙교회였지만, 다행히도 교회학교와 중고등부는 여전히 북적였다. 교회 어른들은 담임 전도사인 아버지를 중심으로 교회의 아픔과 어려움을 극복하기 위해 젖 먹던 힘까지 다 쏟아부었다. 그때 성도들에게 교회의 일은 교회만의 일이 아니라 자기 일이었다. 그런 신앙심이 있었기에 교회 공동체는 버틸 수 있었다.

하루는 우리 교회가 이런 어려움을 겪고 있다는 것도 모른 채 계속 성장한다는 소문만 듣고 갑자기 손님이 찾아온 일이 있었다. 그때 아버진 뭘 드시다가 오신 손님 때문에 얼른 뒷짐을 진 채로 손님을 맞으셨다. 그때 난 오신 손님들과 대화하는 아버지의 뒷모습을 우연히 보게 되었다. 좀 거리를 둔 채 멀찌감치 보았기에 자세히 볼 순 없었지만, 형체는 보일 정도의 거리였다. 그런데 아버지가 들고 있었던 건 기다랗지만 동글동글 말린 모양을 하고 있었고, 불에 구웠기에 새까맣게 타 식별하기가 어려웠다. 이윽고 아버진 손님과 대화를 마치고 배웅하러 나가시면서 드시던 걸 평상에 놓고 나가셨다. 뭔지 궁금했던 난 그것에 가까이 다가갔다. 그런데 그것은 혐오스러운 뱀이었다. 사택 뒤 풀밭에서 뱀을 보시고선 잡아 불에 구워 드셨던 거였다. 당시 어렸던 난 너무도 놀라 말을 못했지만 성인이 되어 왜 뱀을 드셨냐고 여쭈니 아버지는 "그때는 돈도 움꼬, 묵을 기 움쓰깨나 그냥 잡아묵었지"라고 말씀하셨다. "너무너무 배가 고팠다"라고 하시면서, 그러잖아도 힘든 목회 여정이었는데, 이모부의 횡령 사건 이후 배가 너무 고프셨던 아버진 뱀을 잡아 드실 만큼 힘든 시기를 지나셨다. 어떤 이는 약용으로 먹는데 말이다. 그런데도 아버진 교회에 와서 장난치고 떠드는 유초등부 아이들과 중고등부 학생들에게 줄 주일 간식을 단 한 주도 거르지 않고 준비하셨던 읍 소재지 작은 개척교회의 목회자였다.

아버진 아버지대로, 엄만 엄마대로, 이모는 이모대로, 그리고 교회는 교회대로 모두가 말할 수 없는 고통을 겪었지만, 사탄은 그 누구에게도 자비를 베풀지 않았다. 모두의 삶을 한데 모아 송두리째 으깨 파탄과 죽음의 나락으로 끌고 가려 했다. 왜! 도대체 왜! 그것이 이 땅에서 어둠의 영들이 꼭 이루려는 것이었기 때문이다. 이때부터 영적 세계에 대한 관심이 생기기 시작했다.

공병, 고철 그리고 찹쌀떡

개척 3년 차, 꾸준히 비상하던 우리 교회는 한순간에 교회 돈 전부를 잃어버리면서 뼈저린 아픔의 시기를 지나야만 했다. 하지만 여전히 다음 세대는 160-190명 정도나 모일 만큼 젊음과 활기가 넘쳤다. 오늘날 한국 교회와 비교하면 감탄할 만한 상황이지만, 사실 당시에는 어느 곳이든 십자가만 세우면 부흥과 성장의 전성기를 누리던 한국 교회였다. 그런데도 우리 교회가 주목받았던 이유는, 도시가 아닌 군 단위 읍 소재지에 위치한 교회인 데다가 제대로 된 시설 하나 없어 천막을 쳐 예배당으로 사용한 가난한 교회였기 때문이었다. 아울러 개척 이후 단한 번의 주춤거림도 없이 계속 부흥·성장했기 때문이었다. 그러나 예고 없이 찾아온 재정의 악화는 목회의 현실적 어려움을 불가피하게 만들었다. 거기에 40명 정도로 구성된 장년부는 전부 서민층이었기에 200명가량의 다음 세대를 돌본다는 건 만만찮은 일이었다. 당연하게도 부교역자 청빙은 상상할 수 없어 240여 명의 성도를 한 목회자가 돌봐야 했으니 목회는 힘들 수밖에 없었다. 말하자면, 담임 전도사 혼자 4개 교육 부서와 모든 목회 사역을 감당했던 거였다. 고정된 사례비 한 번 책정한 적 없이 말이다.

이윽고 더는 재정이 나올 구멍이 없다고 판단한 아버지는 한 푼이라도 돈을 모으기 위해 임대한 땅 중 예배당 자리 외 빈 터에다 배추를 심으셨다. 배추 장사를 할 셈이었다. 국민학교 4학년이었던 난 배추밭 잡초 제거와 물 주기 담당이었다. 소년 시절, 부모님의 목회를 도와 교회 생활하면서 배추밭 가꾸기에 열심이었던 어느 날 지그시 날 쳐다보며 흐뭇하게 웃으시던 엄마의 얼굴이 아련히 기억난다. 그런데 허리 숙이는 일을 많이 해서인지 그때부터 난 속쓰림을 경험하기 시작했다. 가슴에 불이 난 것처럼 활활 타오르는 듯한 통증과 신물이 위를 통해 입 밖으로 올라오는 불편을 겪었다. 하지만 유년 시절이었기에 '왜 이러지?'라고만 생각할 뿐 부모님께 알리거나 약을 먹을 생각은 전혀 하지 못했다. 그저 배추밭에 물 주기가 물장난처럼 재밌었기에 성실히 가꿨다. 늘 배추가 잘 자라기를 주문이라도 외면서 말이다.

한편, 자연스럽게 교회 사정을 안 어른들은 열심히 헌금 생활을 했지만 차고 넘치는 다음 세대 아이들의 먹성과 새 예배당 건축은 어른들의 마음에 큰 부담 거리였다. 이 모든 것이 턱없이 부족한 재정 때문이었다. 누구보다 이런 사정을 잘 아신 아버진 어린이부터 장년까지 모두 힘을 합쳐 한 푼이라도 모아야 한다는, 그야말로 '티끌 모아 태산 작전'을 펼치셨다. 하지만 일할 만한 청년들이 있더라도 알바의 개념조차 몰랐던 시절 어떻게 돈을 모은단 말인가. 대안이라고 해 봐야 터무니없는 생각일 뿐. 더구나 다음 세대까지 총동원해서 건축헌금을 모으려는 것 자체가 이해될 만한 것도 아니었다. 그런데도 아버진 하나님의 집을 짓는 데 남녀노소 구분 없이 온 교인이 함께 힘을 모으는 것이 당연하다고 여기셨다. 뭐 소신은 알겠는데 그래서 앞으로 어쩌겠다는 말씀인지. 그리하여 시작한 것이 '공병과 고철 줍기'였다.

80년대 중반, 그때만 해도 고물상이 잘되던 시기였다. 공병과 고철을 모아 수거장에 가져다주면 병의 개수와 종류, 고철의 무게에 따라 돈을 받을 수 있었다. 다른 일로 수익을 올릴 수 없었던 학생들과 청년들은 하교와 동시에 전부 교회로 와 빈 쌀자루를 하나씩 들고선 온 고성읍내를 돌아다니면서 눈에 띄는 병과 고철이라곤 모조리 주워 교회로 가져왔다. 아버진 가져온 공병과 고철을 종류와 크기에 맞게 정리한 뒤 어느 정도 차면 수거장에 가져다 판 수입금을 건축헌금으로 모으셨다. 사실, 이것은 노동이지만 학생들과 청년들은 함께한다는 것 자체가 신났는지 이 일을 싫어하지 않았다. 우리는 읍내 골목마다 샅샅이 뒤졌고, 그 까닭에 고성에서는 굴러다니는 빈 병을 찾아볼 수 없었다. 그때만 해도 밤늦은 시간까지 음주를 즐기다가 술에 취한 행인들이 아무 데나 병을 버리거나 몸을 가눌 수 없어 전봇대에 기대 잠든 풍경을 심심찮게 볼 수 있었는데, 그러다 보니 공병을 많이 볼 수 있는 곳이 골목길이나 전봇대 밑이라는 걸 우린 너무도 잘 알았다. 심지어 고성 읍내를 몇 바퀴씩 돌아본 학생들과 청년들은 공병이 자주 보이는 골목과 전봇대가 어디인지까지 꿰뚫고 있었기에 "어디로 가면 공병이 있을 거야"라고 서로 알려주기도 했다.

우리는 처음부터 이 일을 위해 조를 짜 4-5명이 한 팀으로 움직였다. 4-5개 조는 읍내 지역에, 다른 4-5개 조는 산과 들을 구역별로 나눠 돌아다녔다. 물론 산과 들에서 고철은 볼 수 없었지만, 공병은 심심찮게 얻을 수 있었다. 대부분 공병이 있던 자리는 지인들끼리 술을 마셨거나 성묘하러 왔다가 버리고 간 흔적들이었다. 그러고 보면 잡다한 쓰레기까진 아니지만, 고성은 우리 교회 때문에 여기저기 굴러다니는 공병과 어지럽게 널브러진 고철 더미를 찾아볼 수 없는 청정지역이 되어 갔다. 본의 아니게 고성 읍내와 인근을 대대적으로 청소한 거나 다름없었다. 우리는 이 일을 주일을 제외하고 하루도 빠짐없이 하교하면서부터 오후 5-6시까지 했다. 그리고 그 이후가 되어서야 자유롭게 흩어졌다. 하지만 다들 얼마나 열심이었는지 집에 가다가도 버려진 공병과 고철이 보이면 잽싸게 수거해 다시 교회로 가져올 만큼 열심이었다. 또 어떤 이들은 교회에 남아 기타를 치고 찬양하며 교제하기를 즐거워했다. 매일 다음 세대가 북적거렸던 우리 교회는 1년 365일 항상불이 켜져 있었다. 관리인을 둘 수 없는 교회였지만, 필요치도 않은 교회였다.

교회 건축헌금 마련을 위한 프로젝트로 공병과 고철 줍기를 다음 세대가 했다면 과연 누가 믿을까? 어쩌면 순박한 다음 세대들이어서인지 우린 참 열심히 이 일을 감당했다. 그런데 이것도 계속하다 보니 시즌이 있다는 걸 알았다. 적어도 겨울엔 수확이 없다는 것을 말이다. 왜냐하면 추위로 인해 밖에서 술 마시는 주정꾼을 볼 수 없으니 공병 하나 찾기도 무척 어려웠다. 이는 고철도 마찬가지였다. 대부분 고철은 공사 현장에서 볼 수 있었는데, 겨울엔 당연히 공사하기에 좋지 않은 계절이니 버려진 고철 조각 하나 발견하기 어려웠다.

상황이 이렇다 보니 다음 미션으로 아버지가 생각하셨던 것이 '찹쌀떡' 판매였다. 단가는 묶음당 1,000원이었지만 기금 마련을 위한 것이기에 우린 3,000원에 팔았다. 연말연시가 되면 거리에서 불우이웃돕기 성금을 모금하는 것처럼 말이다. 추운 날씨에 어린아이들과 학생들, 앳된 청년들이 오들오들 떨면서 떡 한 묶음 사달라는데 부모 같은 어른들이 모르는 체한다는 건 양심상 그렇고, 혹 원치 않더라도 아이들 모습이 딱해 그냥 사주신 분도 많았다. 특히 당시는 연말연시에 성탄과 송구영신을 위한 축제 분위기가 11월 중순부터 슬슬 시작하던 시절이었고 거리는 사람들로 북적였다. 그러다 보니 찹쌀떡 판매는 11월 중순부터 다음 해 1월까지 이어지는 미션이었다. 하지만 고성은 군단위의 작은 지역이었기에 9시쯤이면 대부분 마트나 가게 문을 닫는 분위기였다. 그 시간대 나와 있는 사람이라곤 고깃집과 술집에 있는 손님들일 뿐 거리는 한산했다. 그런데도 우린 밤 10시 30분까지 찹쌀떡을 팔러 다녔다. 왜냐하면 아직 읍내에는 고기와 술을 먹는 손님들이 남아 있었기 때문이었다.

그런데 그들이 귀가할 땐 든든히 먹어서 배가 만삭인 상태였기에 그들은 우리의 타깃으로 적절치 않았다. 그럼 누가 판매 대상이었을까? 대상은 바로 택시 기사 아저씨들이었다. 술손님들이니 음주 운전은 당연히 안 되고, 너무 많은 양의 술을 들이켜서 보행조차 힘든 사람들을 조용히 집까지 데려다줄 택시 기사 아저씨들 말이다. 그래서 우린 밤 9

시 30분 이후가 되면 자연스럽게 택시 승강장으로 모였다. 물론 이분들도 가족들을 위해 생계 전선에 뛰어든 가장들이었지만, 아직 인심이 팍팍하지 않던 시절 자식 같은 학생들의 부탁에 온정으로 사 주기도 하셨다. 더욱이 출출할 만한 시간, 요즘처럼 24시간 편의점이 없던 시절이었기에 찹쌀떡 판매는 가능했고, 어제 한 아저씨가 구입하셨으면 오늘은 다른 아저씨가 구입하는 식으로 돌아가며 사 주셨다. 물론 기사 아저씨들은 추위로 다소 딱딱해진 찹쌀떡을 드셔야 하는 불편도 있었지만, 적절히 따뜻하게 데워진 차 안에 잠시 놔 두면 자연스럽게 녹는다고 하시면서 되레 우리를 다독여 주는 분도 계셨다. 어린 우리가 이런 아저씨들의 속사정을 이해할 만한 나이는 아니었지만, 사실 그때 우린 너무 어렸기에 눈치가 없었다. 이렇게 고성중앙교회 철부지들은 매일 이곳저곳에 있는 택시 승강장 주위를 어슬렁거렸다. 여름엔 여름성경학교와 각종 수련회가 있었기에 달리 미션 수행은 없었지만 봄과 가을엔 공병과 고철 줍기로, 겨울엔 찹쌀떡을 팔아 건축헌금을 마련했다. 얼마나 열정적으로 수행했는지 이 일은 아예 고성중앙교회 사무총회록에도 남아 있는 목회 사업일 정도였다. 그만큼 수입도 괜찮았다.

돌이켜 보면 그땐 몰랐지만, 달리 교회 재정을 마련할 길이 없었던 교회 형편으로선 한순간 모든 재정을 잃어버린 우리만의 독특한 기금 마련 프로젝트였다. 복음화율이 무척 낮은 경남 고성군 고성읍 어느 한 작은 미자립 교회, 천막을 쳐 예배당으로 사용했던, 그래서 여름엔 엄청난 습도와 무더위를 견뎌야 했고 겨울엔 냉기가 뼛속까지 스며들어 오들오들 떨면서 기도했던 매우 가난했던 교회. 그런데도 열심히 복음 전파에 힘을 쏟아 다음 세대가 전 교인의 75%나 됐던 우리 고성 중앙교회는 힘없고 보잘것없는 코흘리개들과 시골뜨기들이 모두 힘을 합쳐 하나님의 교회를 세워갔다. 그 아이들이, 다음 세대들이 공병 하나, 고철 한 조각, 찹쌀떡 한 묶음씩 팔아 모은 돈은 앞으로 건축할 우리 교회의 벽돌 한 장, 모래 한 삽이었다.

산 기도회에 찾아온 불청객

어린 시절 난 부모님의 목회에 아무런 군말 없이 열심이었던 사랑스러운 아들이었다. 아버지의 설교 시간이 무척 재밌어서 침을 흘리며 들었던 적도 많았고, 형, 누나들과 목이 터지라 기도했던 적도 많았다. 특별히 중고등부 학생들과 청년들은 금요일 저녁이면 남산에 올라 산 기도회를 하고 내려왔는데, 난 담임 전도사의 아들이라는 특혜로 그 대열에서 제외되진 않았다. 우리의 행렬에는 언제나 '실로암'이 울렸고, '오! 이 기쁨'이라는 찬양은 함께하는 이들의 발걸음을 신나게 했다. 이렇게 산에 올라서는 1시간 반에서 2시간쯤 기도하기를 매주 반복했다. 사실 그곳은 남산 뒤편의 공동묘지가 있는 곳이었기에 무서운 곳이었지만, 늘 4-50명 가량이 동참했기에 산 기도회는 스릴 넘치는 훈련이었다. 그만큼 산 기도회는 우리 교회 다음 세대들에게 즐거움이면서도 영적으로 뜨겁고 충만한 시간이었다.

하루는 고성 지역을 향해 외치는 "주여~"라는 울림과 우리들의 기도 소리에 아랫동네 아저씨 한 분이 올라오신 적이 있었다. 한참 뜨겁게 기도하고 있는데 오셔서는 난데없이 행패를 부리시는 게 아닌가. 더구나 한 손에는 소주병을, 한 손에는 식칼을 들고 말이다. 정말 위험천만한 상황이었다. 그 아저씬 동그랗게 둘러앉아 기도하는 우리 모임의 정중앙에 서서는 막 화를 내면서 과거 자신의 이야기를 토설해 댔다. 내용은 이런 것이었다.

과거 자기도 하나님을 열심히 믿었는데 지금은 안 믿는다는 거였다. 하나님은 존재하지 않는다고, 있더라도 자기는 신을 원망한다는 거였다. 이유를 들어보니 어머니께서 심한 질병에 걸려 힘든 나날을 보내셨을 때, 그토록 병 낫기를 구했지만 결국 어머닌 고통스럽게 돌아가셨다는 거였다. 그러면서 하나님이 존재한다면 어떻게 신자의 간곡한 눈물의 기도를 이렇게나 냉정하게 외면할 수 있냐는 거였다. 이후 자기는 하나님을 부정하게 되었고, 존재하더라도 하나님을 경멸한다는 식의 흔하디 흔한 교회를 떠난 자들이 말하는 내용이었다.

어찌 되었든 그건 자기 일인데 불현듯 나타나 화풀이와 행패를 부리다니. 그런데도 우린 앳된 청소년과 청년들이었기에 그만 무서움에 사로잡히고 말았다. 그러다가 청년부 회장인 S형이 아저씨의 발길질에 코피가 터지는 불상사가 발생했다. 이유는 자기가 지금 말하는 중인데 S형이 계속 기도하고 있었다는 거였다. 우린 일제히 달려들어 아저씨를 제압할 수 있는 인원이었지만, 들고 있던 소주병과 칼은 제아무리 4-50명의 수적 우위를 점하더라도 꼼짝없이 우리 모두를 얼게 했다. 그러나 코를 정확하게 맞은 S형은 발길질에 코피는 물론 타격으로 데구루루 몸을 구르는 상황이었는데도 기도를 멈추지 않았다. 국민학교 4학년 소년의 눈엔 정말이지 믿음이 대단하게만 보였다. 그렇게 아저씬 30분간 행패를 부리더니 갑자기 미안하다는 말만 남기고 유유히 산 아래로 사라져 버렸다. 우린 얼른 S형에게 다가가 가지고 있던 손수건을 꺼내 피를 닦았다. 그러곤 곧장 기도회를 중단하고 교회로 황급히 내려왔다. 삐삐(무선 호출기)조차 없던 시기였기에 신고조차 할 수 없었다.

나중에 알았지만 행패를 부린 아저씨는 "고성체육관"이라는 곳에서 태권도 선수로 지내다가 가난한 집안 사정에 찾아온 어머니의 질병과 죽음으로 모든 꿈을 잃은 분이었다. 엄연히 범죄 행위를 한 거나 다름없었지만, 어쩌면 그분도 젊은 시절 교회 청년 선생님들처럼 교회가 아지트였던 그리스도인이었는지 모른다는 생각도 들었다. 이런 생각은 무서움을 넘어 더 기도해야 할 이유였다.

이 일을 겪은 학생들과 청년들은 당장 다음 주부터 산 기도회를 어떻게 진행해야 할지를 놓고 진지하게 대화했다. 기도를 안 할 순 없지만 이 일로 인해 산 기도회를 중단하는 것이 과연 옳은지, 이것은 우리의 기도를 방해하는 사탄의 영적 공격은 아닌지 하는 얘길 나눌 정도였으니 순박하면서도 나름의 신앙이 있는 다음 세대들이었다. 하지만 너무나 당연하게도 담임 교역자에게 말씀드려야 하는 사건인지라 상황을 말씀드리게 되었는데, 이 얘길 들은 아버진 잠시 산 기도회를 중단하고 교회에서 기도하라고 말씀하셨다. 그렇게 한 달 정도 시간이 흐른 뒤 산 기도회는 재개되었는데, 이런 상황 탓에 그때부턴 어른들도 동참하는 계기가 되었다. 오늘날의 생각으론 학생들과 청년들만 산에서 기도회를 하는 것은 위험한 일이기에 정말 이해가 안 가지만 그때는 한국 교회가 산 기도회를 많이 할 때였다. 더구나 고등학교를 졸업하면서 바로 군 생활을 하셨던 아버진 어릴 때부터 강하게 키워야 한다고 생각하셨다. 마치 성경의 인물들처럼, 다윗처럼, 힘겹게 신앙생활 하셨던 자신처럼 말이다.

달리 말하면, 고성중앙교회가 집창촌에다 개척을 시작하게 된 의지의 비밀도 바로 이런 것과 연결되어 있었다. 어찌 보면 참 대단한 신앙심 같지만, 때론 무지하고 무모해 보이는 아리송한 신앙의 경계선이 우리 교회 생활에 스며들어 있었던 거였다. 오늘날의 사회 분위기와 연관하더라도 철저하게 체험 신앙을 강조하셨던 아버지의 믿음은 내 평생의 연구 대상이 돼 버렸다. 아니, 조금은 수용적이면서도 어느 정도의 경계선이 있는 것이 내 솔직함이다. 보수적이고 전통적인 기독교 신앙, 마치 그것이야말로 진정한 성경 중심의 복음주의라고 여기며 일생을 헌신했던 선배들 나름의 목숨 건 믿음이 때로는 애매하게 느껴진다. 이런 생각을 갖는 날 믿음이 적다고 표현할지 모르지만 말이다.

지금은 현대신학을 공부한 나지만, 어린 시절 그 모호한 경계선에 늘 머물러야 했던 나는 내적으로 많은 혼란을 겪으며 자랄 수밖에 없었다. 그리고 현재 난 신앙적, 신학적 결론을 어느 정도 내렸다. 옛 선배들의 보수적이고 전통적인 복음주의적 신앙, 아니 이보다 성경 전체를 그렇게 이해하는 것은 아니지만, 그분들의 신앙에 근본주의적이고 문자주의적 성향이 있다고 표현하는 것이 더 적절한지 모르겠다. 그래서 난 조심스럽고 예민한 경계심이 발동할 때가 간혹 있다. 하지만 그렇다고 해서 지금껏 선배들이 지켜온 꼿꼿한 신앙이 터무니없는 것으로 치부될 만한 것은 절대 아니라는 생각도 있다. 왜냐하면 그때도 하나님은 불완전한 지상 교회와 그리스도인들을 통해 역사하셨기 때문이다. 어쩌면 과거보다 더 광의적이어서 포용력을 자랑하는 현대신학도 앞으로 우리가 맞이할 미래에서는 어떻게 재해석되고 평가될지 모를 테니 말이다.

만 원의 추억

기억을 살펴 추억을 꺼내보는 즐거움과 더불어 부친과 나를 비평해 보는 것은 성인이 돼서야 해 본 거지 어린 시절엔 이런 생각조차 할 수 없었다. 더욱이 혈육임과 동시에 신앙의 영적 지도자였던 아버지의 말씀은 늘 절대적이었기 때문이다. 난 아버지의 말씀이면 무엇이든 옳다고 여겼다. 나아가 반문의 여지조차 없었다. 그럴 수밖에 없었던 것은 가부장적이면서 군인 출신인 아버지의 엄격한 훈육이 한몫했지만, 그보다 난 분별력 없는 소년이었기 때문이다. 이것은 나뿐 아니라 당시 다음 세대들이었다면 대부분 그렇지 않을까 생각한다. 물론 권위적인 측면이 자녀의 분별력을 키우는 데 걸림이 된다면 그렇게 이해할 수도 있지만, 어릴 땐 권위적인 것이 무엇인지 그 용어의 의미를 전혀 몰랐다. 순종! 순종! 순종! 그저 순종하는 것이 올바른 신앙인 줄만 알았다. 어쩌면 난 군말 없이 부모의 말씀을 잘 듣는 순박한 아이인 데다가 8-90년대 한국 교회의 교육방식이었던 '순종 학습법'에 길들여져 있었는지 모른다. 지금 꺼낼 이야기는 어린 시절 순진한 어린이로만 컸던 나를 생각하면 참으로 큰 사건 같은 이야기다.

우리 고성중앙교회가 천막을 쳐 예배당을 사용할 때 교회 사택은 예배당과 통으로 연결되어 있었다. 에어컨이라곤 전혀 볼 수 없었던 시절이었기에 여름 무더위를 달래줄 유일한 기계는 금성(지금의 LG) 선풍기였다. 한 교회 집사의 재정 도난 사건으로 공병과 고철 줍기, 찹쌀떡 팔기로 전전긍긍하던 우리 교회는 다행히도 한 푼 두 푼 티끌 모아 태산 운동이 아주 잘 진행되었다. 난 매일 학교 수업을 마치면 쏜살같이

교회로 달려와 모여있는 형, 누나들과 즐겁게 이 일을 수행한 착하고 열심 있는 신앙인이었다. 지금은 그 일이 국민학생 신분으로 할 만한 것이냐고 따질 수 있겠지만, 그 시절 시골 청년들과 학생들에겐 그저 모여 무언가를 함께 한다는 것 자체가 매우 신나는 일이었다. 오늘날과 같이 문화라는 걸 누리기 어려웠던, 더구나 저 아래쪽 경남 고성군에 있는 작은 읍내 교회는 더 그랬다. 극장이 없어 순회 유랑극단이 고성을 방문할 때면 엄청나게 넓은 천막을 쳐 햇빛을 모두 차단한 뒤 영사기를 통해 펼쳐지는 추억의 '우뢰매'를 온 동네 아이들과 넋이 나간 채 보던 시절이었기 때문이다. 그때 다음 세대들이 정말 보고 싶어 환장했던, 1986년에 첫 작품을 개봉한 82분짜리 영화 "외계에서 온 우뢰매"를 90년대 후반에 출생한 Z세대부터는 거의 모를 거다. 1탄부터 9탄까지 제작된 이 영화의 마지막 편인 "무적의 파이터 우뢰매"가 1993년 작품이었으니 말이다.

이런 시절에 유랑극단을 제외하면 고성 지역 내 다음 세대들의 유일한 문화공간은 오락실뿐이었다. 그리고 오락실엔 늘 일진이라 불리는 동네 양아치들이 순회라도 하듯 공공연하게 삥을 뜯기도 했다. 그러니 게임에 푹 빠진 힘없는 아이들은 오락이 당길 때면 아예 삥뜯길 각오를 하고 가야 했다. 한 판에 50원, 좀 고차원적 그래픽을 장착한 게임은

100원. 그런데 양아치들이 자꾸만 옆에 와 치근대면 100원, 200원 정도는 줘야 그놈들도 게임하고 싶은 마음에 순순히 사라져 주는 분위기였다. 사실, 200원이면 무려 게임을 네 판이나 할 수 있는 거금인데 말이다.

하루는 수요 저녁 예배가 있던 날, 부모님께서 모두 교회에 가시고 혼자 사택에 있을 때였다. 예배실과 사택이 한 통으로 이어졌기에 사택 뒤는 강대상이 있는 곳이었다. 한창 예배가 뜨겁게 진행되던 시각, 나도 모를 호기심이 발동해 화장대 밑 오래된 수납식 궤짝을 열어본 적이 있었다. 그러다가 우연히 동전과 천 원짜리 지폐 몇 장이 눈에 쏙 들어왔다. 그런데 그 동전과 지폐를 보는 순간 알 수 없는 묘한 감정이 생기더니 그만 50원짜리 4개를 손에 쥐어 버리고 만 것이 이 사건의 시작이었다. 그렇게 동전 4개를 거머쥔 나는 그 돈이 무슨 돈인지 생각할 겨를도 없이 그저 오락실이라는 곳에 가 보고 싶은 충동에 마음을 빼앗겼다. 그러니까 사택 뒤쪽에선 아버지의 힘찬 설교 말씀이 울려 퍼지고 있는데, 사택에선 오락의 달콤한 유혹에 빠진 아들의 신명 난 도둑질 한판이 벌어지고 있었던 거였다. 방음이 전혀 안 되는 천막집이었기에 쩌렁쩌렁 울리는 아버지의 설교는 조심히 돈을 빼돌릴 수 있는 확실한 신호탄이었다. 그때 설교는 전지전능 무소부재하신 신의 말씀이 아니라 내 도둑질이 안전함을 알리는 사인과도 같았다. 이날이 생애 처음으로 나쁘다고 말할 만한 대범한 짓에 내 손을 사용한 첫날이었다. 정말 처음이었기에 예배 후 돌아온 부모님을 보고선 무척 불안했지만, 난 아무 일도 없다는 듯 태연하게 행동했다. 그리고 다음 날 입을 바지에 고이 넣어둔 돈을 확인하고서 두근거림과 부푼 마음으로 초조한 밤을 보냈었다. 사실, 설레는 맘에 잠이 잘 오지도 않았다.

드디어 기다리고 기다리던 아침이 밝았다. 지난 저녁엔 일생 처음으로 도둑질이란 걸 해 봤지만, 태양은 내 행동과 전혀 상관없이 여느 날처럼 찬란하게 떠올랐다. 이윽고 학교 수업이 끝나자 난 곧장 오락실로 향했다. 얼른 교회로 가 공병 줍기에 참여해야 했지만, 오락 네 판 정도야 금방이니까 공병 줍기에는 별 문제가 없다고 여겼다. 첫 도둑질이라고 하기에는 나름 치밀했고 스릴 있었다. 드디어 오락실이라는 곳에 입성한 것은 국민학교 4학년 때였는데, 당시 엄청난 인기로 줄을 서서 기다려야 했던 게임은 일본 게임 회사 타이토(株式会社タイトー, Taito Corporation)가 1986년 8월에 출시한 '버블버블'(BUBBLE BOBBLE)이었다. 한국에서는 보글보글로 유명한 아케이드 게임인데, 어찌나 재밌던지 그로부터 내 정신세계의 왕좌는 온리 '보글보글'이었다. 이때부터 내 삶의 목표는 보글보글의 100단계를 넘기는 것이었고, 작다면 작은 내 나

쁜 손은 더 큰 문제를 낳을 큼지막한 어둠의 손으로 변하는 시기였다. 그저 돈이 절대적으로 필요했기 때문이었다. 그로부터 난 오직 돈을 얻기 위한 방법에만 머리를 굴리기 시작했다.

하루는 완전한 도둑질을 위한 생각에 잠겼다가 성공의 환경들이 번득 떠올랐다. 그것은 무엇보다 부모님이 안 계실 때였고, 그래서 그때가 언제인지 생각하기 시작했다. 말했듯이 부모님은 목회자 부부였기에 부모님이 안 계신 최적의 시간은 역시 '예배 시간'이었다. 이렇게나 예배 시간이 반가울 줄이야. 그야말로 '돈 훔치기에 가장 좋은 시간은 하나님을 만나는 시간'이었다. 이후 난 예배 시간을 간절히 기다리는 어린이가 되었다. 부끄러운 말이지만 이렇게나 애타게 예배 시간을 기다렸던 것은 목사 안수 이후 단 한 번도 없었다. 제발 부모님이 빨리 교회에 가시기만을 기다렸다. 성도들은 하나님을 찾기 위해 예배 시간을 기다렸지만, 난 돈을 훔치기 위해 예배 시간을 기다렸다. 아마도 이 간절함의 수위는 내가 더 높지 않았을까 싶다. 드디어 다가온 주일 저녁 예배 시간, 여전히 발각에 대한 두려움이 있었지만 오락에 대한 재미난 상상은 내 양심과 두려움을 여유롭게 짓밟았다. 게다가 두려움과 설렘이 혼합된 내 영혼의 상태는 짜릿함과 스릴을 한데 섞어놓은 듯했다. 이윽고 난 지난번 손댔던 궤짝을 슬며시 열어 돈이 있던 자리를 뒤적였다.

아, 그런데 웬걸! 이번에는 꽤 괜찮은 수확을 본 게 아닌가. 동전이 아니라 천 원짜리 지폐가 여러 장 보였다. 마음 한쪽에선 아직 큰돈을 훔칠 대범함이 없었기에 동전이 없다는 것이 아쉬웠지만, 돈은 절대적으로 필요했기에 눈에 보인 천 원짜리를 그만 움켜쥐고 말았다. 그리고 다음 날 수업을 마친 후에도, 또 그다음 날도, 또 그다음 날도 난 오락실을 방앗간처럼 들락날락했다. 낚시에 손맛이 있다면 도둑질의 손맛도 가히 자극적이었다.

하루는 예배 시간을 이용해 뒤적이던 궤짝을 열었는데, 이번에는 50원짜리 동전이 하나도 안 보였다. 천 원짜리는커녕 동전 하나 보이지 않자 화가 치밀었다. 이제는 도둑질의 대범함을 넘어 돈이 없다는 것에 분이 났고 부모님에 대한 원망까지 생겼다. 이런 날이 여러 날 반복되자 난 다른 방법을 생각하게 됐는데, 형들이 교회에서 자는 틈을 타 걸어놓은 잠바나 옷 주머니를 뒤지기로 마음먹었다. 이런 생각은 곧장 실행으로 옮겨졌고, 얻은 수확은 꽤 쏠쏠했다. 처음부터 내 계획과 행동은 성공적이었다. 두 번째도, 세 번째도 대만족이었다. 급기야 난 만원짜리를 훔치는 것도 서슴지 않았다. 확실히 업그레이드된 도둑질이었다. 점점 교회 형들의 지갑과 호주머니에서 돈이 사라지고 사택에서도 계속 돈이 사라졌지만, 오락과 돈에 눈이 먼 난 꼬리가 길면 밟힌다는 사실을 전혀 인식하지 못했다. 결국, 학교 갈 차비를 잃은 형 중 한 명이 목회자인 아버지께 상황을 말씀드렸고, 궤짝에 뒀던 돈마저 보이지 않자 잘못 기억한 줄로만 알았던 지난 일에 대해 부모님은 의심을 품기 시작하셨다. 더구나 이런 일이 있기 전 내 하교 시간이 늦어지는 것을 이상하게 생각하셨던 아버진 예배 전 내가 모르는 틈을 타 궤짝 안쪽에다 만 원을 놔두셨다. 아들을 의심하지 않고 싶으셨겠지만, 소행을 밝히기 위해 미끼로 놔두신 거였다. 어렸던 난 이 돈이 미끼일 거란 생각을 추호도 못 했고, 여느 때처럼 대범하기 짝이 없는 내 검은손을 자연스럽게 뻗었다.

예배를 마친 후 교인들이 돌아가고 사택에 오신 아버진 여느 날과 다른 행동을 하셨다. 오시자마자 궤짝을 열어보시는 게 아닌가. 난 직감적으로 엄청난 긴장감에 휩싸였다. 심상찮은 기운이 맴돌더니 순식간에 작은 사택 안은 공포의 공간이 돼 버렸다. 놔둔 만 원이 없어진 걸 발견한 아버진 굳은 표정으로 엄마와 잠시 얘길 나누셨고, 엄마는 근심 어린 표정으로 방을 조용히 나가셨다. 이제 세 평 남짓한 방에는 아버지와 나뿐이었다. 드디어 때가 왔다. 아버지께서 나를 부르셨다.

"김신구!"

"예!"

"이리 와!"

난 아버지의 부름에 자동으로 무릎을 꿇었다. 이 모습을 본 아버지께서 말씀하셨다.

"왜 무릎을 꿇지?"

"예? 예?"

"와 무릎을 꿇느냐고."

"..."

"뭘 잘못해쓰깨 무릎을 꿇는 기 아이가"

"..."

"뭘 잘못해써? 잘못한 기 뭐꼬?"

"..."

몇 번이나 물으셨지만, 전혀 대답하지 못하는 나를 보신 아버지의 음성이 높아지기 시작했다.

"뭘 잘못했냐니까. 아빠가 묻잖아?"

"도…돈…돈을…?"

"돈? 무슨 돈?"

"돈을 훔…?"

그러자 천막을 뚫을 듯한 아버지의 고성(高聲)이 고성 지역에 울려 퍼졌다. 아버진 목회자였지만, 엄청나게 무서운 성격을 가진 강한 사람이었다. 게다가 군 생활에 잔뼈가 굵은 분이셨으니.

"뭐? 뭐라? 이 ○같은 새끼야."

그때부터 난 아버지의 손바닥과 회초리에 융단 폭격을 받기 시작했다. 처음 폭격은 무지함의 발로인 귀싸대기였다. 이것만으로도 내 양 뺨은 금세 빨갛게 달아올랐고, 때리시다 손이 아프셨는지 이젠 옆에 있던 파리채를 거꾸로 드시고선 손잡이로 내 양쪽 허벅지를 사정없이 후려치셨다. 파리채 손잡이! 이 플라스틱 손잡이가 얼마나 아픈지 손잡이 모양이 그대로 허벅지에 문양처럼 찍혔다. 그리고 맞은 자리도 양 뺨처럼 금세 빨갛게 변했다. 나중에는 허벅지를 하도 많이 맞아서인지 맞은 자리가 어딘지 알 수 없을 만큼 허벅지 전체가 붕어빵처럼 부풀어 올랐다. 급기야 사정없이 후려치는 힘에 파리채조차 감당이 안 됐는지 반토막이 나 버렸다. 아직 화가 남았던 아버진 성난 황소처럼 씩씩거리시며 다시 때리기 시작하셨는데, 이젠 옆에 있던 다루끼(구조목에 쓰이는 건축자재용 나무)로 내 등을 두들기셨다. 너무나 아팠던 난 방을 이리저리 피해 다녔고, 제대로 때릴 수 없으셨던 아버진 내 머리채를 붙잡은 채로 내 등을 집중적으로 후려치셨다. 그러자 다루끼도 그 힘에 못 이겨 반토막이 나 버렸다. 머리채가 붙잡힌 난 아버지께 손바닥이 발바닥이 되도록 싹싹 빌었다. "아빠~~~ 잘못했심미더. 아빠~~~ 잘못했심미더. 다시는 안 그럴께예. 다음부터는 진짜로 안 하겠심미더"를 아무 생각 없이 무한 반복했다. 하지만 이 말은 진짜로 잘못하지 않겠다는 것이 아니라 그저 고통에서 빨리 벗어나고 싶어서였다. 두려운 마음보다도 제발 이 고통에서 벗어나고 싶었을 뿐이었다. 하지만 분이 안 풀리셨는지 아버진 계속 때리셨는데, 이제는 아예 날 보고 죽어야 한다는 말을 거침없이 내뱉으시면서 정말 죽도록 때리는 데만 온 힘을 쏟으셨다.

"아니야! 니는 죽어야 돼! 니는 반드시 죽어야 돼! 감히 하나님의 돈에 손을 대다니. 니는 반드시 죽어야 돼!"

그러시면서 인정사정없이 때리시는 게 아닌가. 이제는 다루끼마저 두 동강이 난 상황. 이것마저 못 쓰게 됐으니 곧 상황이 종료되기를 간절히 바랐지만, 아버진 다른 몽둥이를 찾기 시작하셨다. 잠시 밖에서 뒤척이는 소리가 들리더니 무언가를 들고 오셨다. 헉! 이번에는 대나무였다. 지름이 4-5cm는 돼 보이는 꽤 통통한 대나무였다. 대나무! 이번에는 휘어질 바에야 부러지고 만다는 그 꼿꼿한 대명사인 대나무가 내 등을 강타하기 시작했다. 그런데 정말 믿거나 말거나지만 대나무 역시 아버지의 힘에 못 이겨 아작이 나 버린 게 아닌가. 대나무의 중간 마디가 부러져 두 동강이 난 거였다. 국민학교 4학년 어린이의 등을 맞은 모든 물건이 다 반토막이 나 버렸다. 하지만 여전히 교회 돈에 손을 댄 아들을 죽도록 패고 싶었던 아버지의 마음은 쉽게 가라앉지 않았다. 급기야 난 정신을 잃는 듯 고통 중에 매달리며 잘못을 빌다가 그만 지쳐 버렸다. 흐르던 눈물도 더 이상 나지 않았다. 눈물샘은 말랐고, 울부짖던 목소리도 제대로 나오지 않았다. 그러곤 나도 모르게 그 자리에서 무릎을 꿇고 하나님께 기도를 드렸다.

> "하나님~ 살려주세요~. 하나님~ 살려주세요~. 다시는 돈 훔치지 않겠십미더~"

이렇게 기도하면서도 사실 난 맨정신이 아니었다. 그냥 눈을 질끈 감고 살려달라는 말만 반복했을 뿐이었다. 여전히 아버지의 씩씩거리는 숨소리가 거칠게 들렸지만, 이때부터 아버진 내 몸에 손을 대지 않으셨다. 기도하는 자식의 모습 앞에서는 때릴 수 없었나 보다. 아마도 100대는 족히 맞은 것 같았다. 이럴 줄 알았으면 진작에 기도할걸! 역시 기도 외에는 이런 종류가 나갈 수 없다는 예수님의 말씀(막 9:29)이 실현되는 순간이었다. 가히 기도는 놀라웠다.

이윽고 한바탕 소동이 끝나고 아버지가 나가시자 엄마가 급하게 들어오셨다. 그러곤 나를 안으셨다. 하지만 엄마의 손길이 피부에 닿는 순간 엄청난 통증을 느꼈다. 겨우 부축한 엄마는 방 아래쪽 바닥에 이불을 두껍게 깔아 날 눕혔지만, 융단 폭격의 탄착군은 등이었기에 등을 대고 똑바로 눕는 건 불가능했다. 난 새우처럼 옆으로 몸을 움츠린 채 일주일 이상을 신음하며 지내야만 했다. 당연히 며칠은 학교에도 갈 수 없었다. 시간이 지나면서 시퍼렇게 변한 등은 급기야 등 전체가 보랏빛, 아니 검은 피부가 돼 버렸다. 지금, 그러니까 결혼해 자녀를 낳아 키우면서 아버지가 때린 곳을 생각한 적이 있었는데, 그곳은 뺨, 허벅지, 등이었다는 걸 알았다. "니는 반드시 죽어야 돼! 하나님의 돈에 감히 손을 대다니, 니는 반드시 죽어야 돼~!"라고 외치며 죽일 듯 때리셨지만 아무 곳이나 때렸다가는 뼈가 부러질 상이니 등만 집중적으로 때리신 거였다. 아니, 그냥 패셨다. 그렇게 내 몸을 두들기셨지만 마치 자신이라도 날 때려야 하나님께 벌 받지 않을 거라는 신념이라도 있으셨는지 하나님을 대신해 아들을 먼저 엄히 벌한 아버지처럼 말이다. 아버지가 "죽어야 돼!"라고 고성을 지르신 것은 아들을 죽이려는 게 아니라 영원히 잊지 못할 고통을 안겨줘 다시는 이런 죄를 짓지 말라는 무서운 채찍이기도 했다. 부모가 그런 마음으로 훈계하고 야단치더라도 자식은 절대 죽지 않는다는 신념이라도 있으셨는지 내 나이가 중년이 넘은 지금도 아버진 잠언 23장 13-14절을 말씀하신다.

> "아이를 훈계하지 아니하려고 하지 말라. 채찍으로 그를 때릴지라도 그가 죽지 아니하리라. 네가 그를 채찍으로 때리면 그의 영혼을 스올에서 구원하리라."

내 아버지는 바로 이런 분이었다. 아니, 지금도 이런 정신과 마음으로 목회하신다. 신학적으로 표현하면 마치 문자주의와 상징주의의 그 어느 지점에 있는 어떤 때는 근본주의자 같고, 어떤 때는 복음주의자 같고, 어떤 때는 박애주의자 같은. 그래서 본인 생각으로 성경에서 어긋난다고 여기면 화가 치밀어 걷잡을 수 없다가도 가난하고 소외된 사람을 보면 한없이 불쌍해 본인은 굶더라도 있는 걸 다 퍼 주시는 그런 분이다. 결론적으로 말하면, 위대하게 보일 때도 있지만 대체로 어렵고 무척 힘든 분이시다. 이 세상 누구도 감당할 사람이 없는 그런 분 말이다. 그러니까 난 그런 분의 아들로 태어난 거다. 내가 아버지를 선택해 태어날 수 없으니 하나님께서 맺어 주신 것으로 봐야겠지? 뒤로 물릴 수 있는 관계가 아니다.

하지만 지금 생각해 보면 과연 이것이 하나님 말씀에 대한 철저한 순종과 권위에서 온 것인지는 의문스럽다. 그 당시 날 매질한 아버지에겐 손톱만큼의 인간적 감정도 섞여 있지 않았을까? 그 행동은 진정 성경 말씀에 대한 절대적 권위 아래 나타난 것일까? 성경을 근거로 말하지만, 과연 성경은 이런 폭력을 사랑의 매로 인정하여 명령하는가? 여전히 아버진 채찍으로 때려도 죽지 않는다고 말씀하시면서 성경의 절대성을 강조하시지만, 성경이라는 감투로 자신의 분노를 조절하지 못한 부분은 없었을까? 아니, 성경은 문자대로 이해할 것이 있고 상징적으로 이해할 것이 있는데 과연 오늘날 그리스도인들의 성경 이해는 적절한가? 그렇다면 진짜로 채찍으로 때리지 왜 몽둥이를 들었는가? 뭐 채찍이 없었으니까? 그렇다면 채찍이 아닌 파리채와 몽둥이를 든 것 자체가 불순종 아닌가? 이렇게 표현하는 것이 정말 우습지만, 성경

구절의 근본정신과 문장에 담긴 이해를 실행에 옮긴다면 비록 헌금에 손을 댄 아들이라도 인정사정없이 사람을 후려치는 것은 과연 옳은 가? 더 큰 하나님의 징벌이 있기 전 아들을 너무나 사랑해서 그러셨다 면, 어쩌면 그런 마음은 가히 놀라운 신앙처럼 여겨질지 모른다. 하지 만 그때 아버지의 모습을 옳게 이해해 나도 내 자녀들이 그런 잘못을 했을 때 똑같이 체벌해야 할까? 내 과거의 이야기지만 오늘날 모든 교 회와 그리스도인에게는 이런 부류와 연관성 있는 신앙적 사고와 행위 의 문제점은 없는가?

그야말로 난 어릴 적 그 시대의 교회들이 시행하는 다양한 교육방식 으로 신앙교육을 받아본 적이 없었다. 물론 오늘날에도 교회 현장에서 이뤄지는 교육방식이 다 건전하고 건강하다고 볼 수만은 없을 거다. 하지만 말하고 싶은 것은 민주적인, 좀 인간답고 인격적인 교육방식을 받아 본 적이 없었다는 말이다. 잘못을 저지르면 엄하게 혼나야 했고, 가혹하리만큼 매를 맞아야 했다. 아버진 이것이 진짜 신앙교육이라고 여기셨다. 그랬기에 난 어릴 적부터 평범하거나 보편적인 어린이로 성 장할 수 없었다. 하지만 어른이 된 나는 내 자녀들에게 이런 가르침과 교육을 거의 하지 않는다. 이에 따라 난 성장하면서 신앙적, 정서적, 일 상적인 것에서 수많은 혼란을 겪으며 외로운 싸움을 해야만 했다.

어떤 이들은 내 말을 듣고 이렇게 말할지 모른다. "네가 받은 아픔이 컸기 때문에 네 자녀에겐 그러지 않는 것"이라고, 또 어떤 이들은 "제 아무리 네게 그런 시절이 있어서 네 자녀에게 안 그럴 거라고 다짐해도 보고 듣고 경험한 것은 무의식적으로 학습된다. 그러니 너에게도 네 아버지의 모습이 분명히 있을 것이다."라고 말할지 모른다. 그래! 두 말이 다 충분한 일리가 있다. 하지만 현재 내게 이 두 견해는 그리 비중 있지 않다. 그것은 이렇든 저렇든 상관없이 내가 자라면서 나를 훈련하시고 양육하신 하나님과의 관계가 먼저이기 때문이다. 더욱이 이 관계가 깊으면 깊을수록, 그리고 건강할수록 비껴갈 수 없는 과거의 내 환경들은 현재 내게 큰 영향을 끼치진 못한다. 과거의 아픔, 과거의 학습이 강하게 남아 있더라도 하나님과의 관계는 모든 것을 초월할 힘을 가짐을 나는 믿는다. 그리고 실제로 나는 하나님과의 관계 속에서 아버지와의 과거를 많은 부분 극복했다. 살면서 아버지와 깊은 대화의 물꼬가 터져 과거를 돌아본 적이 별로 없지만 난 상당 부분 극복했다. 물론 남아 있는 부분도 있다. 하지만 난 이렇게 말하고 싶다. 내가 선택할 수 없어 그저 받아들일 수밖에 없는 가정의 문제라든지, 어릴 적 경제적 문제라든지, 이외 주변의 많은 문제가 있더라도 진정 하나님과 관계가 두터우면 두터울수록 그 모든 것은 점점 극복하게 된다고. 이것이 바로 전능하신 하나님과의 관계적 힘이다. 다만 내 과거의 상황들 속에서 행여 내가 배울 점은 없었는지 더듬어 볼 필요는 있다. 반면교사(反面教師)라도 말이다.

정답은 아니지만, 난 6·25 동란 이후 쓰라린 삶을 산 한국 아버지들의 생존적이고 가부장적인 사랑에다 과거 한국 교회가 이해하고 가르친 다소 협의적이고 이분법적이었던 복음이 개인적 성향과 결합한다면 아버지와 같은 신앙 코드를 얼마든지 형성할 수 있다고 생각한다. 어쩌면 이런 것도 시대적 문화와 함께 그 당시의 신학이 끼친 신앙의 세대 차이인지도 모르겠다. 더구나 재정 집사였던 이모부의 교회 돈 횡령 사건이 아버지에겐 뼛속까지 사무친 아픔이었을 텐데 그런 부류의 잘못을 아들이 했으니 아버지의 마음이 오죽하셨을까. 그러나 여하튼 내 잘못에 비해 이 정도의 매질과 욕설과 성냄이 과연 적당하고 정당한 것인지는 여전히 의문이다. 그렇다면 나를 지으신 하나님의 계획은 무엇일까? 하나님은 왜 이리도 엄한 아버지를 만나게 하셨을까? 내가 외면한다고 달라지지 않는 선천적인 환경에 대해 신앙인의 올바른 자세는 무엇인지, 이러한 내 어릴 적 깊은 고민은 이런 아버지도 이해할 조금의 힘이기도 했다.

두 번째 이주, 활터

현실적으로 예배당을 새로 지으려면 어른들이 드린 건축헌금에 의존할 수밖에 없었지만, 우린 처음 취지대로 어린이부터 청년까지 공병과 고철 줍기, 찹쌀떡 판매로 건축헌금 마련에 힘을 모았다. 초라할 수밖에 없는 푼돈이 모여 건축에 얼마나 도움이 될지 모르지만, 액수와 상관없이 전교인이 예배당을 짓기 위해 마음과 뜻을 모았다는 것은 분명 하나님 보시기에도 아름다운 모습이었으리라. 마치 광야에서 하나님께 예배할 성막을 짓기 위해 귀금속을 모았던 이스라엘 백성들처럼 말이다. 그 내용이 출애굽기 38장 24-26절에 기록돼 있다.

"성소 건축 비용으로 들인 금은 성소의 세겔로 스물아홉 달란트와 칠백삼십 세겔이며 계수된 회중이 드린 은은 성소의 세겔로 백 달란트와 천칠백칠십오 세겔이니 계수된 자가 이십 세 이상으로 육십만 삼천오백오십 명인즉 성소의 세겔로 각 사람에게 은 한 베가 곧 반 세겔씩이라.”

본문을 잠시 살피면, 그 옛날 광야를 지나던 이스라엘 백성이 성소를
만드는 데 필요한 금은 모두 29달란트 730세겔이었다. 여기서 세겔은
돈의 가치가 아니라 무게를 가리키는데, 금 29달란트 730세겔(1달란트
는 3,000세겔이므로 금의 합계는 87,730세겔이고, 1세겔의 무게는 11.4g이므로 1달란트는
34kg임)을 kg으로 환산하면 대략 1톤을 살짝 넘는다. 또 성막의 기둥과
받침에 사용된 은은 100달란트 1,775세겔(301,775세겔)로 대략 3.42톤이
었고, 불에 강한 재료로 재단을 만드는 데 사용된 놋은 70달란트 2,400
세겔(212,400세겔)로 대략 2.4톤이었다. 그러니까 성소 제작에는 약 7톤
정도의 어마어마한 귀금속이 필요했다. 하지만 여기서 더 중요한 것
은 귀금속의 양이 아니다. 또 필요에 의해 드리는 율법적 행동도 아니
다. 좀 더 주목할 것은 이스라엘 백성 모두가 성소 제작에 자발적으로
참여했다는 점이다. 이스라엘 백성들은 귀금속 내기를 매우 기뻐했다.
이것은 택함 받은 공동체가 마음을 모아 여호와께 예배하기를 간절히
원했음을 말해 준다.

한편, 다른 맥락에서 7톤의 귀금속은 어마어마하게 보여도 이 양(量)으
로 만든 성소는 웅장한 수준은 아니었다. 왜냐하면 기록대로 20세 이

상의 남자 60만 명을 조금 넘는 사람들이 각각 내놓은 금은이 반 세겔, 곧 1인당 5.7g 정도였기 때문이다. 그저 반지 한 개 반 조금 넘는 정도의 귀금속이었다. 달리 말해, 성소는 60만 명의 성인 남성뿐만 아니라 이스라엘 민족 전체가 예배할 곳이니까 이스라엘 전체 수로 추정하는 230만 명으로 7톤을 나눴을 때 1인당 성소 제작에 낸 귀금속은 반지 하나, 곧 한 돈(3.75g)이 채 되지 않는 3g 정도였다. 재차 말하지만, 귀금속 총합의 무게가 7톤이라는 것만 보면 놀랍지만 개인이 드린 무게는 매우 적었다. 더구나 7톤의 귀금속은 이스라엘 민족이 430년간 살았던 강대국 애굽의 화려함과 부유함에 비하면 매우 보잘것없었다. 그러니 7톤이라고 해도 애굽을 경험한 이스라엘 민족이 광야에서 만든 성소는 초라했다.

그러나 주목할 것은 온 만물을 창조하신 하나님이 휘황찬란한 부귀영화와 막강한 군사력을 자랑하던 애굽과 함께하지 않으셨다는 점이다. 하나님은 매우 적은 양의 귀금속을 드릴 수밖에 없었던 약하디 약한 민족과 동행하셨다. 자기 땅이 없어 유리(遊離)하던 아브라함의 자손과 함께 광야를 걸으셨고, 그들이 드린 광야 예배를 받길 원하셨다. 메마름과 척박함에도 이스라엘을 놓지 않으신 창조주께선 자신의 한없는 사랑으로 이스라엘을 꼭 품에 안아 주셨다.

마찬가지로 우리 교회가 새 예배당 건축을 위해 공병과 고철 줍기, 찹쌀떡 판매로 모은 재정에는 이런 의미가 담겨 있었다. 비록 저 남쪽 지역 한 읍 소재지에서 살아가는 어른들과 코흘리개들, 그저 교회 분위기에 심취한 천진난만한 시골 청년들과 청소년들이었지만, 하나님께선 우리의 작은 열정과 미약한 노력을 기특하게 보셨으리라고 나는 믿는다. 그렇게 우린 두 번째 임시 예배당에서 불과 500m 정도 떨어진 곳(버려진 활터)에 세 번째 임시 예배당을 마련했다. 물론 이 정도 거린 매우 짧지만, 실제론 꽤 멀다고 느낄 만큼 광야 여정 같은 이동이었다. 그리고 임시 정착지는 낮은 언덕이었지만 예배당이 건축될 위치가 낮은 산이었기에 그곳엔 많은 종류의 뱀이 우글거렸다. 세 번째 임시 예배당인 활터에서 정착할 새 예배당을 짓기까지 잡아낸 뱀이 무려 300마리는 족히 넘었으니 말이다. 그런 곳에서 우리 가족과 교인들이 단 한 번도 물리지 않고 산 것만도 기적이었다.

하루는 저녁 식사 도중 1m 정도 돼 보이는 능구렁이(제일 많이 발견한 종류의 뱀) 한 마리가 천장에서 툭 떨어져 얼마나 기겁했는지 모른다. 말만 들어도 놀랄 일인데 천장에서 떨어진 뱀을 상상이라도 해 보면 내 어릴 적 환경이 어땠는지 조금은 이해가 될까? 누구나 혼비백산하여 줄행랑을 칠 거다. 산 바로 옆에 있는 오래된 활터를 보수해 사택으로 사용했으니 손 볼 데가 한두 군데가 아니었다. 게다가 나무목에 슬레이트를 얹어 지은 구조였기에 뱀이 나무목을 타고 기어다니기엔 최적화된 장소였다. 게다가 비바람까지 피할 수 있었으니 보금자리로는 딱 맞았겠지. 그러니 우리가 이곳으로 이주하기 전 활터는 그야말로 뱀 소굴이었다. 제3 임시 예배당이 이 정도였으니 당연히 주변에는 주택 하나 찾아보기 힘든 허허벌판이었다. 마치 우리 교회는 외딴섬과 같았다. 어쩌면 우리 교회가 걸어야 할 광야는 집창촌 주택에서 개척한 날부터 시작됐는지 모르겠다.

또 두 번째 임시 예배당이 있던 곳에선 물이 없어 물 긷기를 3년이나 해야 했다. 우린 리어카에 큰 대형 고무 대야를 싣고선 한 집사님 댁에서 물 긷기를 매주 했다. 거리만도 무려 왕복 4km. 일주일간 쓸 물을 길어야 했기에 두 번이나 왕복했었다. 제동장치가 없는 리어카라 평지에선 상관없었지만, 오르막을 앞두곤 사력을 다해 달음질해 최대한의 운동 에너지를 전달해야 했다. 그것도 최대한 빨리 올라야 했다. 왜냐하면 중간에 리어카가 멈추면 다시 에너지를 전달해 오르기가 힘들기 때문도 있었지만, 그보다 한 바가지라도 물을 흘리지 않기 위해서였다. 그래서 매주 토요일만 되면 교회로 모인 남성 청년 중 8-10명은 물 긷는 일을 도맡았다. 우리 교회는 그 물로 밥하고, 씻고, 주일 애찬을 준비했다. 이 일은 세 번째 임시 예배 처소로 옮긴 후로도 2년간 반복했다. 무려 5년간이나 말이다.

그러다 보니 난 어릴 때부터 목욕탕을 제대로 가 본 적이 없었다. 목욕비도 없었을뿐더러 물이 없어 제대로 샤워도 못 했다. 날씨가 좀 따뜻할 때면 한 10km 정도 떨어진 '밤내'라는 개울가에서 물놀이 겸 씻기를 즐거워했다. 모든 게 천진난만했기에 가능한 것들이었다. 마찬가지로 아버지의 목욕 날은 '비 오는 날'이었다. 내리는 비에 몸을 적시고, 비누칠한 다음 다시 비를 맞으며 헹구기만 하면 샤워는 끝. 말 그대로 뻥 뚫린 하늘에서 주룩주룩 내리는 비는 꼭지를 잠그거나 풀 일도 없는 자동 샤워기였다. 시대가 어떤 시댄데, 어떤 나라에 사는데 이렇게 샤워하다니. 물론 물 부족 국가에 비하면 비가 내린다는 것만도 얼마나 큰 축복인지 모른다. 하지만 내가 사는 곳은 대한민국이다. 먼 나라와 비교할 것이 아니라 대한민국이라는 나라에 살면서 물 부족 국가에서나 할 법한 생활을 했다는 게 내가 말하려는 부분이다. 그 당시 누구나 이렇게 살았다면 구태여 이런 말을 할 필요도 없다. 추억 소환이더라도 1990년대 중후반 이후에 태어난 Z세대들이 이 글을 읽는다면 적어도 놀랄 만한 일이지 싶다.

하루는 태풍이 부는 날이었다. 일기 예보를 접한 우린 만반의 준비를 했다. 행여 제일 겉을 싸고 있는 방수 천막의 일부라도 찢어지면 안쪽 원단이 젖게 되고, 다시 안쪽 원단을 말리려면 방수 천막의 많은 부분을 걷어내야 했기 때문이다. 혹 새 천막으로 예배당 전체를 씌울 경우 상당한 비용이 들기에 철통같이 태풍을 대비해야 했다. 천막 끝부분은 바람에 뽑혀 날아가지는 않을지 걱정해 모래주머니로 덮고, 여러 줄을 천막지붕에다 감싸 찢어지지 않게 동여맸다. 하지만 태풍은 이런 우리의 노력을 절대 봐주지 않고 매우 거세게 불어댔다. 결국, 천막 일부가 찢어졌는데 이럴 때마다 전체가 찢어지거나 벗겨지지 않도록 누군가 지붕에 올라가 찢어진 부분을 줄로 동여매야 했다. 사실 그 미끄러운 천막을 오른다는 건 어려운 일일 뿐만 아니라 또 다른 사고를 야기할 위험천만한 일이었다. 하지만 재정에 허덕여 몸 쓰는 일이 잦았던 교회 형편을 고려하면 이번에도 몸을 던질 수밖에 없었다.

이윽고 사다리를 놓고 청년 한 명이 천막에 올랐다. 찢어진 천막 끝부분에 줄을 묶고, 다시 그 줄을 아래쪽으로 내려 속 원단이 젖지 않게 하려는 거였다. 방수 천막이라 코팅이 된 부분에 비까지 내렸으니 얼마나 미끄러운지 자칫 발이 미끄러지면 굴러떨어질 수 있기에 청년은 매우 조심했다. 하지만 그 위에서 세찬 바람까지 맞으며 움직인다는 건 불가능해 보였다. 그런데도 워낙 운동신경이 좋았던 청년이어서인지 그 청년은 휘날리는 천막 끝을 무사히 잡았다. 하지만 휘날리던 천막을 잡는 순간 바람의 힘이 고스란히 청년의 손에 전달되면서 청년은 지붕 아래로 떨어지고 말았다. 너무도 놀란 우린 황급히 청년에게로 모였다. 그런데 정말 다행스럽게도 예배당 주변은 모래주머니로 둘러싸여 있었고, 진흙탕이 된 배추밭 바닥은 청년의 몸을 조금이나마 안전하게 떠받쳤다. 충격은 있었지만 크게 다친 곳은 없었다. 이 상황이 얼마나 감사하던지 천막이 찢어지지 않길 바라던 마음은 온데간데없이 사라져 버렸다. 결국, 예배당 전체를 감싸던 천막 전부는 완전히 찢어졌고, 속 원단은 흠뻑 젖어 예배당 바닥이 빗물로 철벅거렸다. 제2 임시 예배당에서도 제3 임시 예배당에서도 늘 비바람이 치면 그 피해를 고스란히 받아야만 했다.

모르겠다. 위험천만한 일이라고 누가 뭐라고 할지도. 하지만 그땐 119 구급대원이 출동하더라도 수습할 대응능력이 지금보단 매우 부족하던 때가 아닌가. 기술 면에서나 장비 면에서나 모두 말이다. 더구나 읍 소재지였으니 동원할 수 있는 구급대원 수도 제한적이었다. 고스란히 피해를 보고야 뒷수습을 해야 했던 때였다. 하기야 지금도 자연의 힘 앞에선 대비만 할 뿐 직면한 시점에선 속수무책인 것이 인간들 세계 아니겠나. 여하튼 우린 그렇게 우리 공동체의 성막을 굳게 지키며 광야 길을 걸었다. 물론 이런 우리 교회의 모습을 보고 누군가 무지하다고 말하거나 외형의 예배당을 지키기 위해 몸을 던진 것을 두고 말하길, "그것이 진정 교회를 지키는 것이 아니다"라고 반박한다면 지금의 난 이렇게 말하고 싶다. 그때는 그랬다고. 그때는 그렇게 신앙생활 했었다고. 과거 한국 교회는 하나님께 예배하는 예배당이 매우 중요했다고 말이다.

그런데 오늘날 현대신학이 교회는 건물이 아닌 그리스도인들의 모임이라고만 주장하면서 유형의 예배당을 무형의 교회와 분리해 간과한다면, 과연 그런 신학과 가르침은 건강한 걸까? 그러면 왜 예수님께선 성전에서 매매하던 자들을 엄히 꾸짖으시면서 만민이 기도하는 집이라고 말씀하셨는가. 자신의 부활을 두고 사흘 만에 교회를 세우시겠다던 예수님의 말씀을 들어 유형의 성전을 정화하신 예수님의 모습을 묵살해도 될까? 물론 유형 교회는 영원하지 않다. 하지만 기독교 역사에서 유형 교회가 없었던 적이 있었던가? 그것이 일반 가정집이건, 카타콤(catacomb)의 동굴이건 말이다. 항상 모임 장소는 필요했다. 그것이 어떤 모양이든 상관없이 모였던 유형의 장소가 있었다는 말이다.

이런 까닭에 우리는 무형 교회(비가시적 교회)만 강조해선 안 된다. 그만큼 유형 교회(가시적 교회)도 중요하다. 건강하고 균형 있는 교회론은 둘을 분리하거나 어느 한쪽만 주장해 다른 쪽을 간과하는 그런 것이 아니다. 이런 차원과 연관하여 계속 침체하는 한국 교회가 모이는 교회를 간과하고 흩어지는 교회만 강조한다면 공동체성은 균형을 잃게 되고, 결국엔 모이는 교회성을 잃어버린 기형적 교회가 될 거라고 나는 생각한다. 곧 공간의 의미란, 무형으로만 존재하는 것이 아니다. 마가의 다락방이 교회의 탄생이었던 것처럼 예수 그리스도의 공동체는 무형과 유형, 이 두 가지가 모두 중요함을 우리는 꼭 기억해야 한다. 그래서 나는 모이는 교회성을 이해하지 못하는 신학적 논리와 주장이 흩어지는 교회성의 선교적 의미를 이해한다는 것을 불균형적이고 기형적인 사견이라고 생각한다. 이처럼 교회 공동체의 본디 의미는 모이는 것과 흩어지는 것을 양분하지 않고 조화를 이룬다. 오늘날 기독교는 이런 의미를 초대 교회 공동체의 모습을 통해 다시금 배워야 할 것이다.

어느 날이었다. 그날도 하염없이 비가 오는 날이었다. 문득 하굣길에 이런 생각이 들었다. '아! 오늘 아빠 샤워하시는 날이네.' 그러고선 집에 도착했는데 아니나 다를까 샤워장에서 흥얼거리는 노랫소리가 들렸다. 그런데 이 목소린 아버지가 아닌 엄마의 목소리였다. 자연스럽게 엄마가 씻으시는 줄 알았다. 그러곤 엄마를 깜짝 놀라게 하려는 장난기로 슬그머니 발걸음을 옮기는데, 샤워장 문이 활짝 열려 있는 게 아닌가. 이상하다 싶어 안을 넌지시 쳐다봤더니 엄마가 네 살 난 여동생을 씻기며 찬송을 부르고 있었다. 뭐가 그리 좋으신지 방긋방긋 웃으시면서 말이다. 게다가 네 살배기 여동생도 물장난이 좋았는지 물장구를 치며 히죽히죽 웃고 있었다. 우리 가족은 어른이든 네 살 난 유아든 비만 내리면 그날은 샤워하는 날이었다. 목욕비조차 아까웠던 작은 교회 목회자 가족은 비가 오면 공짜로 샤워할 물을 주신 하나님께 감사했다.

귀신 들린 형

집창촌 한 슬레이트집에서 출발한 우리 교회가 예배당을 세 번 옮기기까진 참 많은 어려움을 겪어야만 했다. 개척 멤버의 교회 돈 횡령으로 재정은 턱없이 부족했고, 모든 교인은 건축헌금을 위해 할 수 있는 일이라면 무엇이든 달려들었다. 어른들은 말할 것도 없고 학생들과 청년들은 공병 줍기와 찹쌀떡 판매, 신문과 우유배달로 얻은 수입금 일체를 새 예배당을 위한 건축헌금으로 드렸다. 또 자체적으로 물 공급이 안 되었기에 물을 길어 나르기를 약 5년 동안 해야만 했다. 하지만 이런 열악한 환경에도 우리들 모임에는 늘 순박한 기쁨이 넘쳤다. 하나님을 향한 찬양이 그칠 줄 몰랐고, 뜨거운 기도와 웃음 넘치는 교제가 서로의 관계를 끈끈하게 동여맸다. 한쪽에선 찬양과 악기 소리가 쉼 없이 울렸고, 한쪽에선 정신을 놓을 만큼 즐거운 수다가 한창이었고, 한쪽에선 승리욕에 불타는 남자 청년들의 탁구 리그 경기가 매일의 풍경이었다. 4-50여 명의 학생과 청년이 하루도 빠짐없이 교회를 들락날락했으니 그야말로 교회는 다음 세대들의 아지트였다. 세 번의 이사를 하는 동안 시설과 환경이 단 한 번도 좋아진 적 없는 초라하고 부실한 70평 남짓의 천막 교회였는데도 말이다. 이 정도로 열악했지만, 우리 교회는 전교 1-5등 안에 들 만큼 꽤 공부를 잘하는 학생들도 신앙생활 하길 원하는 지역 교회였다. 지금 나눌 이야기도 성적이 우수했던 한 고등학생 S형에 대한 이야기다.

내가 중학생일 때다. S형은 워낙 공부를 잘해 전교 1등은 늘 독차지였는데, 이렇게 우수한 형이 그만 귀신이 들고 말았다. 귀신 들린 자에 관한 이야기가 종종 성경에 나오는데(마 8:16-17; 막 1:21-28; 5:1-20; 9:14-29; 눅 9:37-43 등) 오늘날처럼 과학 문명이 발전해 합리성과 이성을 중시하고 개인의 가치관을 함부로 침해할 수 없는 현대사회에서 귀신 들린 사람이라는 신비한 일을 소개한다는 것이 어떻게 들릴지 모르지만, 내 나이를 기준으로 위아래 연배되는 사람들 중에는 이런 일을 경험했거나 들어 본 사람이 있으리라고 생각한다. 왜냐하면 그 당시 축귀(逐鬼)와 관련한 영적 현상은 한국 교회에서 더러 나타났기 때문이다. 더욱이 이 일은 내가 직접 경험한 것이기에 분명한 사실이다. 여하튼 우린 언제부터인지 무슨 이유 때문인진 몰라도 철성고등학교에서 1, 2학년 동안 늘 전교 1, 2등을 석권했던 S형이 귀신이 든 이후 학교를 안 간 건

물론 생활 자체가 비정상적이라는 암울한 소식을 듣고 적잖이 놀랐다. 이 일은 당시 S형을 아는 모든 사람들에게 놀랄 만한 일이었다.

하루는 S형의 친형이 가정 심방과 기도를 부탁한 적이 있었다. 그로부터 얼마 지나지 않아 우린 교회 전도사님과 함께 십여 명 정도 일행을 꾸려 S형의 집에 방문했다. 난 요즘 교회에 나오지 않는 형이 있어 기도하러 간다길래, 또 아버지도 다녀오라고 하셔서 그냥 따라나섰을 뿐인데 이날이 날 몸서리치게 하는 날이 될 줄은 전혀 생각지 못했다.

S형의 집에 도착한 우린 안내에 따라 한쪽 구석에 있는 방으로 들어갔다. 그런데 S형은 저녁 시간인데도 전등 하나 켜지 않고 어둑한 방 안에서 벽만 보고 누워만 있는 게 아닌가. 당시 성적이 별로 좋지 않았던 난 늘 1, 2등만 한다던 S형의 모습과 지저분하게 어질러진 방을 보고 매우 당황했다. 그냥 공부하느라 교회 못 나오는 줄 알았지 S형의 삶이 이럴 것이라곤 전혀 상상하지 못했기 때문이었다. 이렇게나 어두운데 왜 전등을 안 켜고 캄캄한 상태로 지내는지 도무지 이해가 안 됐다. 난 그 방이 으스스해 사람 사는 방으로 보이지 않았다. 게다가 다른 사람이 방문했으면 일어나 맞이하는 게 당연한데도 S형은 전혀 반길 생각하나 없이 벽만 바라보고 누워만 있었다. 그러나 우린 심방의 목적대

로 둥글게 앉았고, 심방을 요청한 S형의 친형은 S형을 깨워 억지로 자리에 앉혔다. 그러자 이윽고 전도사님께서 S형에게 말을 걸기 시작하셨다.

"S야~ 전도사님이다. 요새 우찌 지내노? 잘 있나?"

따뜻한 인사였지만 S형은 전도사님의 인사에 일언반구도 하지 않았다. 그저 자기 형이 깨우니까 부스스한 얼굴로 마지못해 앉은 것처럼 보였다. 꼭 몇 날 며칠 씻지도, 양치질도 하지 않고 뒹굴뒹굴 잠만 잔 폐인처럼 말이다. 더욱이 고등학생인데도 한쪽에는 재떨이로 보이는 빈 깡통이 버젓이 놓여 있었다. 전도사님은 여러 번 S형에게 말을 건네셨지만, S형의 묵묵부답은 계속되었다. 아니, 전혀 대화하려는 모습이 보이지 않았다. 결국 S형의 친형은 둘러앉은 우리들 중앙으로 동생을 옮기더니 전도사님과 마주하게 앉혔다. 요즘에는 교인들이 둥글게 앉아 있고, 그 원 중앙에 기도 받을 대상자를 앉혀 합심으로 기도한다는 것이 이상하게 여겨질지 모르지만, 그땐 이런 모습이 전혀 낯설지 않은 한국 교회의 모습이었다. 물론 요즘도 이런 모습은 심심찮게 볼 수 있지만 말이다. 어쨌든 긴장된 분위기였지만, 전도사님은 심방의 목적을 잃지 않고 말씀을 이어가셨다. 하지만 여러 번의 대화에도 여전히 S

형이 입을 열지 않자 전도사님은 곧장 기도회를 진행하셨다.

> "자! 그라모 S형제를 위해 합심으로 기도 함 합시더. 하나님이 S형제
> 를 붙들어 주시가 이 영적 질병에서 회복시켜 달라꼬 하나님께 간절
> 히 기도합시더."

그런데 사건은 이때부터였다. 합심으로 기도하자는 전도사님의 말씀
이 떨어지자 S형이 전도사님을 뚫어져라 쳐다보는 게 아닌가. 그전까
지만 해도 아무 의욕도 생각도 없어 보이던 사람이 기도하자는 말에
갑자기 눈빛이 강렬해졌다. 그런데 더 당황스러웠던 것은 이 눈빛이
그냥 단순한 강렬함이 아니라는 거였다. S형의 눈빛엔 등골이 오싹할
만큼 차갑고 서늘한 살기가 감돌았다. 조금 전만 해도 벽만 쳐다보던
사람이 기도라는 말에 이렇게 돌변하다니. 우린 하나님께 전심으로 기
도해 S형을 꽁꽁 묶고 있는 어둠의 영을 물리치길 바랐지만, 오히려 급
변한 S형의 눈빛 때문에 쉽게 기도할 수 없었다. 다들 놀랐고, 무서움에
떨었다. 하지만 우린 전도사님의 인도에 따라 S형의 치유를 위한 합심
기도에 하나둘 동참하기 시작했다. 물론 알 수 없는 공포감에 기도가
잘 되진 않았지만, 전도사님의 기도 소리가 들리자 모두가 기도의 힘
을 조금씩 모았다. 그러자 합심 기도 소리는 금세 방 안에 가득했다.

그렇게 기도한 지 불과 5분쯤 지났을까. 전도사님의 방언 기도가 시작되었다. 그러자 S형이 씩씩거리며 벌떡 일어나더니 고함을 지르며 전도사님을 마구 때리는 것이 아닌가. 그나마 다행이었던 것은 옆을 지키던 친형이 S형을 재빨리 붙잡았기에 더 큰 돌발 상황을 막을 수 있었다는 거였다. 하지만 수습은 S형이 전도사님의 뒤통수를 여러 차례 가격한 이후였다. 더구나 말리는 중에도 S형은 계속 전도사님을 향해 달려들었다. 얼마나 힘이 세든지 기도하던 3명의 형이 S형의 친형과 함께 제재해 겨우 붙잡을 정도였다. 나중에 들은 얘기지만, S형의 친형도 동생의 힘에 너무도 놀랐다며 평상시 S의 힘이 아니었다는 말을 들었다. 난 지금도 이 말이 생생할 정도로 놀랐던 기억이 있다.

여하튼 전도사님도 이런 경험이 처음이라 더 많이 놀라셨지만, 나름 침착함을 유지하려고 노력하셨다. 몸싸움이라고 해 봐야 불과 1-2분 정도가 다였지만 내겐 이 시간이 너무도 길게 느껴졌다. 방언 기도에 귀신 들린 사람이 주먹을 휘두르다니. 우당탕거리는 소리에도 기도는 했지만, 무서웠던 난 실눈을 떠 그 광경을 쳐다볼 수밖에 없었다. 그러곤 기도하기를 주저했다. 지금 와서 하는 말이지만 솔직히 그때 내 기도는 반쯤 시늉이었다. 무섭고 다급했기에 쉽게 기도가 나오지 않았다. 왜냐하면 나도 저렇게 뜨겁게 기도하다가 주먹질을 당할까 불안했기 때문이었다. 그야말로 이 광경은 중학교 2학년에겐 가히 충격적이었다. 뒤돌아보면 S형의 폭력이 멈춘 것이 여러 형이 제재했기 때문인지, 난동으로 전도사님의 방언 기도가 멈췄기 때문인지 사실 잘 모르겠다. 하지만 청년과 학생 4명이 붙들어야 겨우 제압할 수 있을 정도의 힘을 뿜어냈다는 것은 지금도 내겐 물음표다. 게다가 방언 기도에 곧장 반응한 S형의 행동은 무섭기도 했지만 이상했다.

이 일이 있은 뒤 다음 날 전도사님은 모든 상황을 아버지께 말씀드렸다. 그리고 상황을 들은 아버진 이렇게 말씀하셨다. 귀신 들린 사람은 신앙인의 믿음과 영성의 수준을 안다고, 전도사님의 믿음과 신앙이 그 귀신을 감당할 수준이 안된다는 말씀이었다. 한마디로 S형을 둘러싼 사탄을 이기기에는 역부족이었다는 뜻이었다. 그러니까 더 기도하고 더 깊어져야 한다고 당부하셨다.

이윽고 평일이 지나고 주일이 되었다. 그런데 글쎄 S형이 학생부 예배에 나온 게 아닌가? 얘길 들어보니 아버지가 S형의 형에게 연락해 S를 데리고 오라고 하셨단다. 아니 그렇게 난동을 피우던 사람이, 그것도 친형이 아버지의 말을 전달만 했을 뿐인데 교횔 나오다니. 난 도무지 이해가 안 됐다. 하지만 내 이해와는 상관없이 S형은 교회에 왔고, 아버진 학생부 예배가 끝나자 예배당 뒤쪽으로 S형을 부르셨다.

"S! 이리 와!"

오랜 군 생활에 익숙했던 아버진 꼭 단호한 목소리로 사람을 부를 때면 이름만 부르는 습관이 있으시다. 아버지의 목소리는 냉정했다. 성격적으로도 이런 성향이 있으시지만, 아버지의 부름은 한 사람 S를 부르는 것 같지 않았다. 사탄을 부르는 것만 같았다. S형은 그 부름에 곧장 아버지 앞으로 와서는 자동으로 무릎을 꿇었다. 아버지가 S형에게 이렇게 물으셨다.

"니 이름이 뭐꼬?"

S형이 답했다.

"군댑미더."

이 말을 들은 아버진 성경 어딘가를 찾으시더니 펼친 성경책을 S형의 두 눈에 가져다 대시고, 다른 한쪽 손은 성경책이 떨어지지 않게 뒤통수를 잡고 힘주어 기도하기 시작하셨다. 그리고 모든 학생에게 S에게 들어간 사탄이 쫓겨가기를 함께 기도하라고 말씀하셨다. 이 말씀을 들은 모든 교사와 학생은 S형을 위해 합심으로 기도하기 시작했다. 아니, S형에게 붙은 사탄이 물러가기를 통성으로 기도했다. 학생부 예배를 마치자마자 예배실에서 일어난 일이었으니 이 상황이 얼마나 신비하고 영적인 일이었는지 모른다. 달리 말하면, 적잖이 혼란스러웠다.

"예수 그리스도의 이름으로 맹하노니 이 더러운 사탄아 물러가라!"

우리의 기도 소리와 함께 아버지의 이 선포는 예배당 안을 가득 메웠다. 그렇게 한 20분쯤 지났을까? 아버진 기도를 마치고 성경책을 떼셨는데, 갑자기 S형이 픽 쓰러지는 게 아닌가! 그 모습이 너무도 이상해 이를 본 모든 학생은 다 어리둥절한 상태였다. 힘없이 쓰러진 S형은 자연스레 바닥에 누웠고, 아버진 S형의 다리를 쭉 뻗게 하고선 이번엔 펼친 성경을 S형의 가슴에다 엎어 놓으셨다. 그렇게 또 15분간 집중해서 기도하자 S형이 서서히 정신을 차리기 시작했다. 그러고는 막 울기 시작했다. 아버진 이 모습을 유심히 관찰이라도 하듯 살피시더니 다시 S형을 부르셨다. 이번에는 처음 S형을 부르던 단호한 목소리가 아니었다. 사람 S를 부르는 목소리였다.

"S야, 인자 쫌 정신이 드나?"

이 광경을 보던 모든 교사와 학생은 너무도 놀라 멍하니 쳐다볼 수밖에 없었다. 영적 세계라는 게 이런 건가란 생각을 자연스럽게 할 수밖에 없는 분위기였다. 이윽고 아버지의 질문에 S형이 대답했다.

"예, 전도사님."

그러자 아버지가 S형에게 다시 말씀하셨다.

"S야, 니 속에 귀신이 들어갔다 아이가. 한 마리가 아이다. 여러 마리다. 성경에도 안 나오나. 군대 귀신이라꼬. 니가 처음 귀신이 들었을 때 기도하고 좀 낫나 싶더마는 니가 다시 교회 안 나오고 니 마음대로 한께나 그 한 마리가 여러 마리를 끌고 들어온 기라. 더 강한 악한 영이 니 속에 들어가서 지 마음대로 니를 가꼬 논기라."

아버진 따뜻한 표정으로 S형에게 낱낱이 말씀하셨다. 그리고 오늘부터 한동안 집에 가지 말고 교회에서 생활하면서 기도하고 성경만 계속 읽으라고 당부하셨다. 그날부터 난 S형과 교회 내 한 기도실에서 같이 생활하게 되었다. 낮에는 모르겠는데, 솔직히 내가 S형과 지내면서 제일 걱정스럽고 무서웠던 것은 밤이었다. 매일 같이 잤기 때문이었다. 하지만 내 걱정과는 달리 S형은 그전보다 훨씬 정상적으로 돌아왔고, 나랑 이런저런 얘길 나누면서 무언가 모르는 기운이 형을 제압하던 때를 밤마다 얘기해줬다. 그 말에는 항상 빠지지 않는 말이 있었는데, 자기도 왜 그랬는지 잘 모른다는 거였다. 무언가 홀린 듯한 느낌은 있는데, 왜 그런 생활과 행동을 했는지 설명하지 못했다. 당시 중학생이었던 난 성경 지식이나 소위 신학적 사고는 전혀 없던 시절이었기에 단순하게만 생각했다. 사탄이 사람을 조종한다고, 영적 세계는 이런 거라고 말이다.

이렇게 S형과 함께한 시간이 조금씩 쌓이면서 어느덧 내 마음엔 S형에 대한 측은함이 자리 잡기 시작했다. 그런 중에 내가 안고 있던 불안함도 서서히 사라지고 있음을 느꼈다. 당시 고등학교 2학년이었던 S형은 조금씩 회복했지만, 귀신이 들어 영적으로 혼미했던 그 1년은 휴학할 수밖에 없어 이듬해에 복학해 공부를 이어갔다. 형은 워낙 공부를 잘해 다시 공부에 열심을 내면 뒤처진 걸 충분히 따라갈 수 있을 것이라 생각했지만, 마음처럼 성적이 오르지 않자 스트레스를 많이 받았다. 결국, S형은 학교 선생님들과 친구들 그리고 동네 사람들에게 미스

터리만 남긴 채 고등학교를 졸업할 수밖에 없었다. 물론 이것만으로도 감사한 일이지만 말이다. 이런 과정을 거치다 보니 S형은 대학 진학을 못 했고, 이것저것 아르바이트를 하며 살 수밖에 없었다. 유망 있는 학생이었는데 왜 이런 일이 전교 1, 2등을 다투던 똑똑한 형에게 일어났는지 아무도 모른 채 말이다.

그러고 보면 지난 한국 교회의 부흥과 성장에는 이성적으로 이해하기 힘든 일들이 크게 작용했다. 세계적으로 유명한 여의도 순복음교회 故 조용기 목사님의 신유 은사는 한국 교회의 부흥과 성장에 큰 촉매 역할을 했다(말년엔 아쉬움을 남기셨지만). 실제 예배 시간에 암 환자가 치유된 기적 같은 일도 나타났으니 말이다. 이처럼 과거 한국 교회엔 S형의 삶에 나타난 축귀 사역이나 방언 기도와 같은 신비한 일을 심심찮게 접할 수 있었다. 부흥 집회나 기도원에선 앉은뱅이가 일어나 걷는 치유도 간간이 목격됐었다. 그러니 한국 교회 성도들의 신앙적 토양에 영적인 일, 신비한 기적은 충분한 관심거리였고, 또 그럴 수밖에 없는 분위기가 있었다.

하지만 오늘날에는 소위 은사 중지론을 믿는 신앙인의 수가 대거 많아졌다. 이제는 이런 기적이나 표적 같은 말을 하면 곧장 광신자나 표적 맹신자로 취급받을 정도로 표적과 기사는 찾아보기 힘들고, 또 충분하리만큼 위험천만한 교회사적 근거까지 남아 있다. 그 대표적인 것을 들자면 '신사도 운동'이다. 지금도 해외에서 P전도사가 옆으로 손짓하면 회중들이 그 자리에서 쓰러지거나 귀신 들린 자로 보이는 사람이 울며 쓰러져 발작하듯 온몸을 부르르 떠는, 마치 그런 현상 뒤에 귀신이 쫓겨 나간다고 선언하는 사람이 있을 정도니 말이다. 그러나 문제는 그런 집회와 표적 구함이 예수님께서 경계하신 것임을 오늘날 신앙인들은 명심해야 한다. 이런 말에 어떤 이는 맞장구를 칠지도 모르지만, 아직 한국 신앙인에게는 왜 표적과 기사를 경계하냐고 따지는 사람도 많다.

달리 보면, 그들은 성경을 믿으라면서 성경에 기록된 기사를, 예수와 사도들도 행한 표적을 왜 현대신학자들과 목회자들이 경계하고 지적하는지 탐탁잖게 여긴다. 어떻게 보면 이런 주장도 전혀 근거가 없진 않다. 왜냐하면 사도들을 통해 나타난 표적과 기사(행 5:12-16)는 부흥과 성장의 역사적 근거가 되기 때문이다. 하지만 우리는 분명 신사도 운동의 병폐를 지켜봤다. 아니, 신사도 운동이 무엇인지 모르는 일반 성도라 할지라도 예수께서 표적과 기사만 구하는 자들을 경계하신 내용은 성경에 분명히 명시되어 있다. 이런 점에서 우리는 무엇보다 사랑의 은사(고전 13장)를 사모한 바울의 은사 신학을 충분히 이해하고 받아들여야 할 것이다.

그런데 내가 덧붙이고 싶은 것은 이 부분이다. 내가 어렸을 때는 방언 기도, 신유, 축귀 사역 등을 간혹 접했지만, 오늘날 한국 교회에서는 이런 걸 듣고 목격하기가 무척 어려워졌다는 것이다. 하나님은 지금도 역사하시는데 말이다. 그러나 예전이나 지금이나 변치 않는 묵직한 신비 한 가지를 우리는 여전히 믿는다. 바로 '부활'이다. 기독교 신앙에서 부활은 영원불변의 진리다. 방언이든, 신유든, 축귀든 뭐든 간에 부활만큼 놀라운 신비가 있을까? 죽은 자가 살아났다는 역사적 사실은 다른 표적이나 기사와 비교할 수 없는 신비다. 표적과 기사의 신비적 차원에서 홍해 바다가 갈라졌다고 한들 과연 그것이 죽은 자가 살아난 것보다 놀랍다고 말할 수 있을까? 이것은 부활을 다른 표적이나 기사와 비교해 우열을 가릴 수 있다는 말이 아니다. 우리는 여전히 부활의 신비에 대해 조금의 의심도 하지 않는다는 점에 대해 좀 더 생각해 보자는 거다.

오늘날 은사 중지론에 지나친 근거를 둬 아예 표적과 기사를 믿는 신앙인을 맹신자 또는 광신자로 몰아세우는 모습이 우리에게 없는지 살펴보자는 거다. 마치 역으로 자신이 그들을 맹신자와 광신자로 취급하면서 현대신학에 대해 해박한 사람처럼 굴지는 않느냐는 거다. 그러면서 그보다 비교도 되지 않을 만큼 놀라운 기독교의 부활을 믿는다는 것이 어찌 보면 어불성설은 아닌가? 이 말은 내가 은사 중지론을 불신한다는 말이 아니다. 초대 교회 때 나타난 표적과 기사가 현대사회에선 좀처럼 보기 드문 현상이 된 것이 무엇 때문인지 명쾌하게 답하진 못하지만, 하나님의 아들 예수 그리스도의 부활을 믿는 우리가 왜 성경에 나타난 표적과 기사를 논하면 우습게만 여기는지, 물론 은사 중지론의 입장에서 보면 현대 사회에서 이런 주제를 다루는 것이 우습게 보일 수도 있다. 하지만 그렇다고 엄연한 성경의 기록을 터부시하며 현대신학의 대세적 분위기로만 해명하려는 모습에는 일종의 어설픈 교만함과 무지함이 녹아 있지 않은가? 그러면서 여전히 영원불변의 진리니까 부활만큼은 반석과 같이 믿는다는 신앙이 과연 건강하다고 볼 수 있냐는 거다. 다시 말하지만, 난 표적과 기사를 매우 중시하는 사람이 아니다. 이런 내 사고는 이 글 곳곳에서 충분히 발견할 수 있다.

그래서 말하고 싶다. 좀 더 건강한 성경적 교육이 한국 교회에서 이뤄지기 위해서는 강단에서 이뤄지는 성경 공부나 설교만으론 충분치 않다는 것을. 나는 성경적 교육이 오늘날 한국 교회에서 이뤄지는 보편적인 목회 사역 정도만으론 충분치 않다고 본다. 분명히 신학의 도움을 받아야 한다. 물론 신학도 인문학의 하나이기에 학자별 담론을 포함하지만, 그렇다고 성경적 근거를 완전히 벗어나지는 않는다. 또는 성경적 근거를 말하면서도 편협한 해석과 전개 과정을 통해 결론부에 이르러선 성경을 이상하게 뒤틀거나 해석하는 인본주의적이고 편협한 자유주의적 신학도 충분히 나올 수 있다. 하지만 정통적이고 성경신학적인 건강한 교리는 반드시 올바른 신앙생활을 위한 전제가 돼야 한다.

당연하게도 오늘날 모든 교회와 그리스도인은 표적과 기사만 좇는 영지주의적인 광신이나 맹신을 분명히 주의해야 하겠지만, 부활은 믿으면서 은사를 포함한 성경 속 표적과 기사를 지나치게 도외시하거나 불신하는 이해와 자세도 경계할 필요가 있다고 나는 생각한다. 그러니 우리가 글을 쓰거나 어떤 대화를 통해 자기 생각을 주장할 때 과도하게 한쪽으로만 치우쳐 편협해진 내용과 자료만 끌어와 상대의 주장과 신학을 매도함으로써 오해와 왜곡이 빚어질 우려가 있다면 좀 더 의견을 균형 있게, 그리고 건강한 신학적 근거를 제시하는 것이 좋으리라고 본다.

신비적 사랑은
오늘을 품는다

너의 "Loving You"

아내를 만난 건 신학대학원을 졸업하고 전임 전도사로 사역하면서였다. 아무래도 풀타임 사역자다 보니 여러 맡겨진 일로 바빴지만, 그런 중에도 시기를 훌쩍 넘기지 않고 결혼에 골인할 수 있었던 건 청년들로 구성된 교회 찬양팀과 청년부를 함께 맡은 게 유리한 배경이었다. 교역자가 목회에 전념치 않고 목양해야 할 청년과 연애했다고 욕하는 이들이 있을진 모르지만, 사역이 바쁘다는 이유로 인생의 중대사인 결혼을 놓쳐서야 되겠나. 물론 비혼주의가 아닌 이상 결혼을 바라는 사람이라면 누구라도 말이다. 하물며 우리 교단에선 미혼인 남자 전도사의 경우 목사 안수를 주지 않는 데다가 담임 목사 청빙에도 목회자 아내의 비중은 무시할 수 없는 상황이니 말이다. 그러니 한국 교회에서 교역자의 결혼은 단지 두 남녀가 만나 행복한 인생 여정을 약속하는 황홀한 혼인을 넘어 사역임과 동시에 목사가 되기 위한 필수(또는 전제조건) 과정이다. 이 장의 이야기는 아내를 만나게 된 연애담이다. 당시 아내는 청년부 회계였는데 그러다 보니 청년부 모임이나 사역 회의를 통해 자주 만나는 사람 중 한 명이었다. 지금도 그렇지만 아내는 참 성실한 사람이었고, 성격까지 꼼꼼해 맡겨진 일에 두 번 손가는 법이 없을 만큼 일 처리가 깔끔한 청년이었다. 말수도 많지 않은 데다 조신하고 다소곳한 여성이었다. 더구나 주위 청년들의 이야기나 상황을 잘 경청하고 반응하는 따뜻하고 부드러운 사람이었다. 그래서인지 아내 주변에는 늘 청년 서너 명이 머물렀다. 온유함과 경청의 리더십이 있는 여성이랄까? 보기 드물 정도로 괜찮은 자매로 보였지만, 선뜻 다가가지 않았던 이유는 외모 때문이었다. 아무리 교역자라지만 젊고 혈기 왕성한 전도사였기에 무엇보다 내 최대 관심사는 단연 외모였다. 하지만 이 말은 내가 외모지상주의자라는 말은 아니다. 일단 외모에서 끌려야 더 알아보든지 말든지 할 텐데 외모가 내 스타일이 아니다 보니 이성적 감정을 못 느꼈다는 의미다. 누구나 마찬가지겠지만 말이다. 그러니 이 말은 아내가 못생겼다는 말이 아님을 못박고 시작하겠다. 나도 오래 살고 싶은 남편이니까.

이런 얘길 대공개라도 하듯 까발려 무참히 새기는 것은 사실 나라는 사람이 용감해서도 아니고, 나쁜 남자라서 그런 것도 아니다. 우리 부부에게 외모는 피차 자기 스타일이 아니기에 외모 얘긴 별문제도 안

된다는 말이다.

여하튼 그때는 서로의 스타일이 아니다 보니 조금의 여지도 없이 그저 평범한 교역자와 청년 관계였다. 하지만 사람 관계라는 게 꼭 본인 스타일대로 성사되는 건 아니더라. 전부는 아니겠지만 이성 간에는 그저 스치더라도 자주 보고, 종종 얘기도 나누며 별 충돌 없이 지내는 횟수가 늘면 자연스럽게 마음도 움직이고, 감정도 생기는 것 같다. 너무 스타일을 고집하거나 조건 같은 것에만 연연하지 않는다면 말이다. 그렇게 우리는 조금씩 가까워졌고, 조신녀였던 아내는 더 순종적이었다.

이리하여 우린 결혼을 전제로 한 공식적인 교제를 시작하게 되었다. 난 전임 전도사였기에 만남은 일과를 마친 저녁 시간에 주로 이뤄졌다. 우린 거의 매일 식사를 함께했는데, 매번 편하게 식사할 수 있었던 것은 교회 주변이 먹자골목이라 메뉴 고르기가 어렵지 않아서였다. 행여 교회 성도들이나 청년들에게 발각이라도 될까 봐 조심스럽기도 했지만, 워낙 북적거리는 동네였기에 크게 신경 쓰지 않고 교제할 수 있었다. 하지만 아내가 날 만날 때는 청년부 회계장부를 지참할 때도 있었다. 둘의 만남이 사적인 만남이 아님을 증명이라도 하려는 목적으로 지참한 건 아니었지만, 때때로 회계장부는 우리 둘의 관계가 사적 관계가 아님을 증명할 좋은 무기였다. 그렇게 우리는 케미 좋게 교제했다.

그런 중 한창 색소폰에 빠졌을 때가 있었다. 하루는 색소폰을 연습하다가 여자 친구에게 한 곡 들려주면 좋겠다는 생각이 문득 들었다. 색소폰이라는 게 워낙 가격이 비싼 악기다 보니 박봉인 전임 전도사 사례비로는 새 걸 장만하기가 적잖이 부담스러웠다. 그래서 준비한 것이 중고 알토 색소폰이었다. 색소포니스트 케니 지(Kenny G)를 연상하며 색소폰 소리에 푹 빠졌던 내 젊은 시절이었다. 저녁이 되자 우린 여느 때처럼 저녁 식사를 함께했는데, 아내는 설레는 마음을 주체하지 못해 흥분한 채 식사를 했다. 맛있는 식사는 수없이 들어봤겠지만, 흥분된 식사를 해 본 적이 있는가? 해 본 적이 없다면 한번 노려보는 것도 좋을 거다. 아내가 흥분한 채 식사를 한 이유는 내가 들고 온 색소폰 때문이었다.

식사를 마친 후 우린 인근 공원으로 자리를 옮겼다. 그 공원은 오래된 큰 나무 한 그루를 중심으로 넓게 펼쳐진 작은 나무들로 가지와 잎이 무성한 곳이었다. 아래에서 나뭇잎을 향해 비추는 조명은 멋스러운 야경을 연출할 만큼 보기도 좋은 공원이었다. 특별히 바닥에 듬성듬성 박힌 조명들은 마치 우리 두 사람을 위해 준비된 스포트라이트 같았다. 사랑에 푹 빠지고 나니 모든 세계가 우리만을 위한, 아니 세상이 우리를 위해 존재하는 것만 같은 착각 속에 지내던 황홀한 시기였다. 이런 설렘으로 아내는 어떻게 저녁을 먹었는지, 또 멋진 연주로 한 여인의 마음을 송두리째 빼앗고 싶어 입술이 불어 터져라 종일 색소폰을 불고선 공원을 물색하기까지 내 마음은 어땠는지, 젊은 두 남녀의 로맨틱함이란 세상 그 어떤 것보다 아름답고 거침없었다.

드디어 시간이 되었다. 난 조금 긴장된 마음으로 천천히 하드케이스를 열었다. 그런 내 모습 하나하나에 의미라도 부여하듯 애틋한 눈망울로 날 지켜본 아내는 벅찬 기대와 황홀함에 가득 차 있었다. 이런 분위기를 느낀 난 준비한 물병 뚜껑을 따 종이컵에 물을 반쯤 따른 뒤 색소폰 리드를 살며시 담갔다. 그리고 적당히 물을 흡수할 즈음 리드와 목걸이를 장착해 색소폰을 목에 걸었다. 그야말로 한 여인을 쟁취하기 위해 한 남자의 목을 거는 순간이었다. 이 단번의 연주에 말이다. 이윽고 결전의 순간이 다가왔다. 행여 첫 음에서 삑사리라도 나면 감동적인 순간은 웃음바다가 되기 일쑤였기에 매우 조심스럽게 마우스피스를 입에 물고 손가락을 제 위치에 살포시 얹었다. 드디어 연습한 곡의 첫 음인 '레' 음이 분위기 좋게 공원에 울려 퍼지는 순간이었다. 긴장에 비해 정말 감사하게도 내 연주는 한 번의 실수도 없이 유유히 온 마을을 가득 채웠다. 이름하여 곡명, "나 주님의 기쁨 되기 원하네"였다. 누가 뭐래도 지금 이 순간 '내 주님'은 여자 친구였다. 그저 그녀의 기쁨이 되기만을 간절히 바랐던 난 멋지고 황홀하게 연주해야 함에도 곡에 취한 나머지 '은혜롭게' 연주해 버렸다. 정말 "나 주님의 기쁨 되기 원하네"였다. 남녀의 미끈거리는 사랑을 그리며 울림이 있는 황홀한 연주가 아닌 '은혜로운' 연주 말이다. 그것도 케니 지처럼 두 눈을 지그시 감은 채로.

95학번이었던 내게 최고의 색소포니스트는 두말할 것 없이 색소폰의 왕 케니 지였다. 그만큼 사랑하는 사람에게 들려줄 시대적 명곡은 "Loving You"가 최고의 곡임을 알았지만, 어설픈 색소폰 초보 연주자로서, 그보다 명색이 목회자로서, 아니 청년부 담당 교역자로서 당시한국인이 사랑하는 베스트 복음성가 100곡 중 절대 빠지지 않는 기독교 최고의 명곡, "나 주님의 기쁨 되기 원하네"를 들려주기로 결심했다. 사랑놀이에는 우스운 곡이었을지 모르지만 참으로 '사명감' 넘치는 선곡이었다. 더욱이 식사 때 들려줄 연주곡에 대해서도 충분히 설교해 마음을 녹여놨기에 본성이 조신하고 순종적이었던 아내는 그것만으로도 심장이 매우 뛰었던 모양이다. 얼른 흥분된 식사를 마치고 자리를 옮기길 원했으니 말이다.

무사히 한 번의 연주가 끝나자 아내는 무척 흡족해했다. 그런데 이 진리를 아는가? 너무 좋으면 또 듣고 싶을 만큼 금세 지나가 버린다는 것을. 아내의 흡족함에 흥분한 나는 푼수처럼 또 듣고 싶냐고 스스럼없이 물었다. 넋이 나간 아내나 또 듣고 싶냐고 되물은 나나 모두 우습기 그지없었지만, 사랑 앞에 가벼움 따윈 아무런 문제가 되지 않았다. 이에 황홀했던 아내는 한마디 말도 없이 입가에 웃음꽃을 띠며 바보처럼 서너 번 고개를 끄덕였다. 한번 상상해 보라. 얼마나 바보 같은

지. 그런데도 더 바보 같은 사람은 나였다. 그렇게 고개를 끄덕이는 아내가 너무도 예뻐 보였다. 난 이런 아내를 보며 다시 그녀를 위한 러빙유, "나 주님의 기쁨 되기 원하네"를 '용감하게' 연주했다. 두 번째는 제법 자신감이 붙었는지 연주 내내 경직됨 없이 내 호흡과 손가락이 훨씬 자유롭다는 걸 느꼈다. 아무래도 첫 번째 부를 때 은혜롭게 연주한 탓인지 은혜를 경험한 자의 연주는 가히 담대했다. 골리앗 앞에 선 다윗도 울고 갈 만큼 말이다. 그래서 이번에는 한 바퀴를 부르고, 다시 후렴을 두 번 반복한 다음, 마지막 4마디를 리타르단도(ritardando, 점점 느리게)로 연주하면서 아주 멋들어지게 마치려 했다. 이윽고 무사히 한 바퀴를 돌고 후렴으로 진입하려는 순간, 저기 멀리서 아주 멋지고 강력한 불빛이 우리를 향해 번쩍이며 다가왔다. 공원 바닥에 박힌 노란 조명만으로도 충분한데, 또 다른 두 조명(빨간색과 파란색)이 젊은 두 남녀의 사랑을 축복이라도 하듯 환하게 밝히며 공원으로 진입했다. 그것도 360도를 일정한 속도로 회전하면서 말이다. 그러곤 우리 두 사람을 향한 선명한 주의(?) 음성이 들렸다.

"아! 아! 저기 아저씨, 색소폰 그만 불어요. 지금 시간이 저녁 8시 반인데, 여기서 이러시면 안 됩니다. 여긴 공원이지 연주장이 아니에요. 신고 들어왔으니까 그만하세요!"

앗! 이런, 그제야 정신이 번쩍 들었다. 익히 마을임은 알았지만 마을 공원이라고 하기엔 꽤 큰 공원이었기에 주민들에게 방해가 되리라곤 전혀 생각지 못했다. 또 주변은 먹자거리로 청장년이 많은 저녁 시간이었기에 이 정도 소리가 소음일 줄 몰랐다. 더구나 아무런 문제가 된다고 생각지 못했던 것은 다름 아닌 불타는 사랑 때문이었다. 한 여인에게 눈먼 전도사는 더 이상 세상의 소금과 빛이 되라는 그리스도교의 성직자가 아니었다. 그저 한 사내에 불과했다. 오직 그녀만이 '주님'이었다. 아주 멋들어지게 마무리하려는 찰나에 강렬하게 다가오던 경광등은 우리의 축복을 비는 조명이 절대 아니었다. 그저 사랑에 눈이 멀어 상황 파악이 안 된 두 남녀를 적절히 자제시키곤 서로(우리와 마을 주민들)를 안전하게 지키기 위한 율법과도 같았다.

순찰차가 돌아간 후 후렴으로 들어가려다 멈춘 내 색소폰 연주는 졸지에 해프닝이 돼 버렸다. 멋들어지게 목에 건 색소폰을 황급히 내려놓고 정리하는 내 모습은 더 이상 말이 필요 없는 웃프닝이 돼 버렸다. 그 순간 초롱초롱한 눈망울에 진심을 듬뿍 담아 수없이 하트를 발사하던 '여인'은 온데간데없고, 한순간 돌변해 입을 틀어막고 눈물을 흘리며 웃고 있는 한 이상한 '여자'가 내 앞에 있음을 감지했다. '어휴, 이를 어째.' 순식간에 반전돼 버린 상황은 당황한 나머지 수습은커녕 짐

챙기기에 바빴다.

그녀와 함께 공원 계단을 성큼성큼 내려오는데 어찌나 낄낄대던지. 그
런데도 그녀를 위한 내 "Loving You"는 단연 인생 최고의 "Loving You"
가 되었다. 결코 케니 지가 부럽지 않은 당대 최고의 "Loving You" 말이
다. 왜냐하면 벅찬 감동을 배 아픈 웃음으로, 다시 배 아픈 웃음을 눈물
겨운 웃음으로 선사한 내 연주는 진짜 한 여자의 영혼을 쏙 빼놓을 만
한 "Loving You"였기 때문이다. 시간이 조금 지나 마음이 안정된 나는
좁디좁은 가슴을 활짝 펴고 덤덤히 말했다.

> "오빠 어때? 나한테 인생 걸어봐. 설교도 웃겼다 울렸다 하는 부흥사
> 가 최고거든."
> "(아내) 푸하하하하…"

두 손으로 입을 가리며 낄낄대던 그녀가 이번에는 자지러지게 웃었다.
그 조신하고 다소곳한 여인이 수줍음도 모른 채 배를 잡고 웃음을 참
지 못했다. 너무 웃은 나머지 화장이 지워지는 줄도 모르고 눈물을 흘
렸다. 그래. 그렇지. 인생은 이렇게 웃으며 사는 거지. 덕분에 나도 한바
탕 크게 웃었다. 두 번 다시 민원이 들어오거나 경찰이 찾지 않을 정도

로만 말이다. 이후 우리의 사랑은 더욱 단단해졌고 깊어져 갔다. 하지만 결혼 20년이 지난 지금 그녀의 러빙유, "나 주님의 기쁨 되기 원하네"는 더 이상 그녀의 곡이 아닌 오직 기독교의 신만을 위한 찬양으로 온전히 회복되었다. 역시 콩깍지는 찬양조차 변질시킬 만큼 위험하다는 걸 깨달았다.

어느새 20년이라는 시간이 훌쩍 흘렀다. 하루는 아이들과 저녁 식사를 하며 그때의 이야기를 들려준 적이 있었다. 아니나 다를까 얘들도 하나 같이 깔깔대며 웃었다. 이제는 이 이야기가 하나도 안 웃긴 단 한 사람 그녀만 남긴 채 말이다. 그러곤 아이들에게 한마디를 남겼다.

"너희들도 커서 연애하면 아빠, 엄마처럼 해. 그럼 결혼 생활 행복할 거야."

순간 우리의 연애담은 재밌고 건전한 자녀 교육이 돼 버렸다. 무엇보다 부모의 연애담을 아이들과 함께 나눌 수 있고 함께 웃을 수 있다는 것이 건전한 자녀 교육, 가정 교육이 아닐까 싶다. 한 상에 둘러 앉아 먹고 마시면서 부모와 자녀들이 마음껏 웃으며 소통할 수 있다는 것이 얼마나 큰 축복과 은혜인지. 그날 저녁 식사는 맛있기도 했지만, 흐뭇하고 즐거운 식사였다. 비록 동네 주민의 민원과 순찰자가 등장하긴 했지만, 소통 거리가 된 나의 연애담은 좋은 학습 자료가 되었다. 어린 시절 단호하리만큼 철저한 극단적 복음주의 신앙 아래 자란 나였지만, 나의 자녀 교육 방식은 결코 아버지와 같지 않다. 이는 부친의 신앙관이 잘못됐다는 말이 아니다. 반대로 내 신앙관이 더 건강하다는 말도 아니다. 맞닥뜨린 환경이 인간의 가치관과 정서에 영향을 주겠지만, 그보다 더 강력한 것은 하나님과 개인의 영적 교통임을 말하고 싶다.

결혼과 축의금

우리 두 사람은 2007년 6월에 결혼했다. 결혼 생활이 뭔지, 더구나 인생 2막을 여는 시점에서 가문과 가문이 연을 맺는다는 것이 어떤 의미인지도 모르는 철부지 두 남녀가 대화와 다툼, 이해와 갈등을 반복하면서 결혼에 입성한 건 교제한 지 만 2년이 됐을 때였다. 처음 만났을 때 아내는 국어를 가르치는 학원 강사이면서 임용고시 준비생이었다. 초등학생 때부터 성적이 뛰어나 많은 선생님과 학생에게 사랑과 기대를 한 몸에 받았던 아내의 꿈은 외교관이었다. 하지만 국민학교 6학년 시절, 쓰나미처럼 찾아온 가정 경제의 어려움은 책 읽기와 공부를 무척 좋아했던 한 소녀의 날개를 무참히 꺾어 버렸다. 이후 아내는 휘청인 가사의 어려움과 갑자기 찾아온 부성애의 상실, 그리고 큰 충격과 슬픔에 젖어 홀로 자녀들을 양육해야 했던 어머니 밑에서 궁핍하게 살았지만, 예의 바르고 착한 딸로 자랐다.

하지만 이어진 생활고는 아내의 꿈을 일찌감치 접게 했고, 그럼에도 포기하지 않은 학구열은 ○○대학교 사범대학에 진학해 학업과 가정 경제를 책임지면서 임용고시까지 준비케 했다. 그러니 아내가 날 만나기까지 연애 한번 제대로 못 했던 이유는 여지없이 상존한 삶의 여러 굴레 때문이었다. 누가 봐도 조신하고 다소곳한 여자 청년의 현실은 연애조차 사치스러울 만큼 생존과 학업에 허덕일 수밖에 없었다. 제아무리 결혼을 전제한 교제라지만, 우리의 교제는 알콩달콩할 겨를조차 없었다.

하지만 이런 환경에서도 아내는 늘 어머니와 남매들에게 웃음을 잃지 않은, 그래서 때론 남편 같고 때론 장녀 같은 딸, 동생, 누나였다. 지금에서야 편하게 말씀하시지만, 장모님은 우리 두 사람이 결혼식을 앞둔 날에도 딸이 진짜 결혼하는 게 맞는지 불안하셨단다. 아내도 그럴 것이 교제 전에 그녀는 혼자된 어머니를 두고 시집가는 게 무척 마음에 걸려 조금은 결혼을 포기한, 어쩌면 순박하고 어쩌면 어리석을 만큼 가족애가 두터운 딸이었다. 이런 이유로 아내는 세상 누구보다 아름다워야 할 결혼식 첫날밤 어머니를 홀로 두고 시집간 것에 흐느껴 울다 세상에서 제일 못난 신부가 돼 버렸다. 너무 운 탓에 두 눈은 퉁퉁 붓고, 곱게 칠한 메이크업은 엉망이 됐으니 난 졸지에 첫날밤의 황홀함이 뭔지도 모르는 가련한 남자가 돼 버렸다. 물론 많은 하객과 교인으로 풍성한 결혼식을 치러 행복했던 건 차치하고 말이다.

지금도 인상 깊은 건 당시 내가 맡았던 유초등부 아이들이 대부분 참석해 굵고 또렷한 핏줄을 드러내며 목청 터져라 축가를 불러준 모습이다. 이렇게 만족할 만한 결혼식을 치른 날 밤 새신부는 울음바다였으니 새신랑의 첫날밤은 어땠을까? 얼른 구슬리고 타일러 거사라도 치렀을까? 아니, 아무렴 내가 그래도 그런 늑대는 아니다. 그럴 생각조차 할 수 없었던 신혼 첫날밤 분위기였다. 어머니 생각에 아내의 눈물이 그칠 줄 몰랐기 때문이었다. 자라온 세월이 지난해 또다시 덩그러니 남은 엄마가 그리도 불쌍했던 모양이다. 하지만 그렇다손 치더라도 이 상황이 우스운 건 당장 아내가 처가댁 식구들과 헤어져 사는 건 또 아니었기 때문이다. 결혼 휴가가 끝나면 아내는 다시 처가댁 식구들과 지내야 했다. 무슨 말이냐면, 당시 난 횡성에서 전임 전도사로 사역하고 있었고, 아내는 인천에서 학원 강사를 하고 있었기 때문이다. 어차피 주말부부로 지낼 수밖에 없는 상황인데도 시집가는 것이 그리도 슬펐나 싶다. 모르겠다. 실제 신부 된 여자들의 마음이 어떤지.

게다가 장모님도 혼자 사셔야 하는 상황이 아니었다. 남매 중 둘째인 아내가 제일 먼저 결혼했으니 언니와 남동생, 그리고 터울 많은 여동생까지 함께 살았기 때문이다. 솔직한 말로 결혼식만 치렀지 정작 홀로된 사람은 장모님이 아닌 새신랑인 나였다. 그런데도 아내는 시집이라는 게 뭔지 엄마와 영영 헤어지는 것처럼 그리도 구슬프게 울었으니 굳이 결혼 첫날밤을 이렇게 보낼 필요가 있었을까? 사랑하는 남자를 만나 혼인 서약을 맺고, 새로운 가정을 일궈 나간다는 것이 한편에서는 처가와의 완전한 생이별처럼 느껴졌던 것 같다. 오래된 풍문이지만, 그때만 해도 시집간다는 말보다 장가 간다는 말을 간간이 하던 시절이었는데 말이다. 여하튼 우린 내 목회적 상황과 함께 양가의 경제적 어려움으로 결혼과 동시에 주말부부로 지내야 했다.

처한 환경이 이랬으니, 결혼과 관련한 모든 준비는 우리 두 사람이 알아서 해결할 수밖에 없었다. 우린 약 반 년 정도 사귐을 가진 후 결혼을 약속했고, 곧장 비용을 모으기 시작했다. 양가에 손톱만큼의 부담도 드리고 싶지 않았기 때문이었다. 아니, 이런 마음은 아예 두 사람 모두 자라면서 자연스럽게 몸에 배어 있었다. 그저 결혼식에 참석만 하시도록 모든 걸 우리의 힘으로 일궜다. 결혼식도 내가 몸담은 교회에서 치렀기에 인천 하객분들을 횡성으로 모셔야 할 버스 대절비까지 우리 힘으로 준비했다. 그리고 아내가 근무하던 학원에선 국어 강사가 혼자였기에 결혼 휴가조차 3일이 전부였다. 그러니 아내는 결혼식 전날까지 근무해야 했고, 횡성엔 신부 화장을 할 만한 곳이 없어 결혼 당일 일찍 인천에서 신부 화장을 하고선 빨리 횡성으로 이동해야 했다. 상황이 이랬으니 결혼 예식도 아내와 함께 준비할 수 없었다. 다른 얘기지만, 그해 아내의 임용고시는 물 건너간 거나 마찬가지였다. 이뿐만이 아니었다. 우리 쪽 식구들은 모두 경남 고성에서 강원도 횡성으로 올라와야 했고, 아내 쪽은 인천에서 횡성으로 와야 했기에 모두가 분주했다.

그런데 또 아버지가 보통 분이 아니란 걸 이전 글을 통해 느꼈을지 모르겠다. 그러니까 요일로는 목요일에 횡성에서 결혼식을 치르느라 경남에 계신 지방회 목회자들과 다른 하객들은 초청할 수 없었기에 그 주간 토요일엔 고성에서 결혼 감사 예배를 드리겠다고 준비하시겠단다. 이건 순전히 아버지의 생각이었기에 고성중앙교회 성도들과 함께 준비하실 테지만, 내게 주어진 7일과 아내에게 주어진 3일의 결혼 휴가 중 하루는 횡성에서 결혼식을 올렸고, 하루는 고성에서 결혼 감사 예배를 드리는 일정이었으니 정작 바다를 건너야 할 신혼여행은 정말 물 건너가 버렸다. 아니, 엄밀히 말하면 신혼여행을 갈 재정까진 준비할 수 없었다. 아내에게 미안한 일이지만 우리 주변 상황을 볼 때 달리 방법이 없었다. 경제적으로 얼마나 어렵게 결혼했는지 지금도 아내는 그때 신혼여행에 대한 일말의 불만이 없을 정도다. 그렇게 우린 돈에 쪼들렸다. 하지만 그런 중에도 감사했던 건 두 번의 예식을 치르며 들었던 비용이 1,100만 원(양쪽 식비만 600만 원) 정도였는데, 축의금으로 2,500만 원이 들어온 거였다. 하지만 효자, 효녀로 자란 우린 모든 축의금을 아버지께 드렸다. 너무도 가난하고 어려운 작은 교회였기 때문이었다.

그런데 더 놀랍고 은혜로웠던 것 하나는 축의금 전액에서 1,000만 원을 내가 국민학생 때 전도한 친구 L집사 혼자서 했다는 거였다. 가족들도 어려워 경제적 도움을 전혀 받을 수 없었던 우리 형편이었는데, 한 친구가 1,000만 원의 축의금을 하다니! 재력가가 아닌 이상 이럴 수 있을까? 분주했던 결혼예식을 다 마친 후 L집사와 얘길 나눴는데, 내 전도로 자신이 예수님을 그리스도로 영접했고 영생을 얻었기에 생명의 은인이라는 감동이 일어 준비했다는 거였다. 축의금의 이유가 너무나 선명해 은혜로웠다. 이 사실을 처음 접한 건 아버지를 통해서였다. 말씀 중에 아버진 이 돈을 가지고 있다가 L집사가 결혼할 때 내 이름으로 축의금을 하면 어떻겠냐고 제안하셨다. 난 두말하지 않고 자연스럽게 그 말씀에 따랐고, 그 후로 딱 2년 뒤 L집사는 결혼식을 올렸다. 난 친구 집사의 결혼이 얼마나 행복하고 기뻤는지 1,000만 원의 축의금에 좀 더 마음을 보태 축하하는 호사를 누릴 수 있었다.

이후 이 사실을 안 L집사와 식사할 기회가 있었다. 그러잖아도 결혼하느라 돈이 정말 궁했다는 말을 들었다. 대화를 나누며 문득 이런 생각이 들었다. 누군가로부터 사랑이 흘러 들어온다는 건 참 기쁜 일이지만, 그것을 다시 흘려보내는 것도 벅찬 감격이란 걸. 그것도 흘려보내는 소재가 때마침 정말 필요한 상황이라면 그 은혜와 감사는 몇 배로 커진다는 걸 알았다. 돈이 중요한 게 아니라 신뢰와 우정이 훨씬 중요했다. 무엇보다 교회는 성령께서 하나 되게 하신 공동체이기에 그리스도 안에서의 사귐이 중요하다는 걸 몸소 깨닫는 시간이었다.

하지만 이 은혜는 이걸로 끝이 아니었다. 다음으로 놀라웠던 것은, L집사가 결혼하면서 부친께 1억 원 상당의 아파트 한 채를 받아 그 집을 신혼집으로 꾸며 살았는데, 현금이 없는 관계로 신혼집에 대한 십일조를 드릴 수 없어 고민하고 고민하다가 내 이름으로 준 축의금을 다시 십일조로 드렸다는 거였다. 결국 그 돈은 누구에 대한 감사나 은혜가 아닌 교회 공동체를 하나 되게 하시고 그리스도인 간의 신뢰와 우정이 무엇인지 알게 하신 참 구원자 하나님께 온전히 드릴 수 있었다. 내게는 이 일이 얼마나 은혜롭고 감동적인지 모른다. 나나 그 친구나 참 가난하게 자랐음에도 이런 일이 우리에게 실제로 가능했던 것은 모두 다 하나님 사랑에 흠뻑 젖어 있었기 때문이었다. 말로 할 수 없는 하나님 사랑에 빠질 때 그 어떤 어려움도 우리에겐 걸림돌이 되지 않았다. 짐짓 녹록지 않아 고민하는 시간이 있을지언정 그것이 우리의 신앙과 마음을 얽매진 못했다. 이렇듯 순수하고 참된 하나님 사랑은 모든 어려움을 극복할 뿐만 아니라 다시 거룩하게 승화하는 힘이 있음을 체험하는 시간이었다.

친구의 입장에서는 우리의 구원이 하나님의 손에 달렸다는 전적인 믿음 아래 내 전도에 고마워 축의금을 준비했지만, 결국 우리의 감사는 참 구원자이신 하나님께로 돌아갔다. 이렇게 인도하신 하나님의 은혜가 얼마나 놀라운지! 우리는 식사하면서 오랜 우정과 함께 이런 은혜를 나눌 수 있도록 하신 하나님께 깊이 감사했다.

아내의 시험

계속 준비는 했지만, 결혼과 더불어 주말부부로 지내야 했던 아내는 그해 임용고시에 대한 기대를 순순히 접을 수밖에 없었다. 이때 아내의 임용고시는 도전 5년 차였다. 국민학생 때부터 공부를 잘해 많은 선생님과 친구에게 주목받았던, 그래서 대학 생활 4년 동안 장학생 타이틀을 거의 놓치지 않았던 아내에게 이 시험은 무척 어려운 관문은 아니었다. 하지만 지속적인 가정 경제의 압박으로 휴학할 수밖에 없었던 상황에서 아르바이트와 대학 과정 그리고 임용고시 준비까지 병행해야 했던 환경적 어려움은 임용의 기쁨을 지연시켰다. 그것도 매년 1점 전후 차이로 무려 네 번이나 낙방했으니 그 슬픔과 아쉬움은 이루 말할 수 없었다. 이런 세월을 보냈던 그녀가 결혼 예식마저 여유 없이 치르고선 매주 횡성과 인천을 오가며 목회자의 아내로 첫 발짝을 뗐던 그해는 미련조차 가당찮을 만큼 임용을 기대할 수 없었다. 곧 그해 아내의 인생 목표는 10년(대학 때부터) 동안 준비했던 임용에서 결혼으로 바뀌었다.

더위가 스멀스멀 올라오는 6월, 두 번의 결혼 예식을 치른 우리의 일상은 이전과 별반 다를 게 없었다. 이미 결혼을 전제한 교제를 한 데다가 여전히 아내는 처가댁에서 생활했기 때문이다. 말했듯이 아내는 결혼과 주말부부 생활로 임용에 대한 기대를 내려놨기에 고시에 대한 불타는 열의까진 없었다. 하지만 임용을 아예 포기한 건 아니었기에 주중 고시 공부는 이어졌고, 우린 주말이 돼서야 다른 신혼부부들처럼 알콩달콩 행복한 시간을 보낼 수 있었다. 엄밀히 말하면, 거치적거림 없는 둘만의 오붓함은 토요일 사역을 마친 오후 5시부터 주일 아침까지가 제일 긴 시간이었다. 해석하기 나름이겠지만, 사역의 바쁨이 좀처럼 공부에 집중하기 어려울 법한 아내에겐 또 다른 좋은 환경이었는지도 모르겠다. 해서, 결론부터 말하면 그해 결혼에 골인한 아내는 말도 안 되게 임용고시마저 합격했다. 더구나 도전 5년 중 제일 높은 점수로 말이다.

사실은 이런 상황이 도무지 납득이 잘 되지 않았다. 제일 정신 없는 한 해였기에 이미 마음을 다 내려놨는데 계속 낙방하던 임용고시에 합격했다는 통보는 말로 설명하기 어려운 기쁨이었다. 내 예상은 말할 것도 없고, 분명 시험을 치른 당사자에게도 합격 예측은 조금의 여지도 없다고 들었는데, 무심코 열었던 홈페이지에서 '1차 합격'이라는 글 귀를 보고선 휘둥그레진 아내의 두 눈과 어벙한 표정은 아직 내게 생생하다. 그날 저녁, 너무도 감격해 주룩주룩 눈물을 흘리던 아내의 모습을 난 영영 잊을 수가 없다. 이건 임용 합격 때문만이 아니었다. 그간 고시 준비로 힘겨웠던 나날들, 장모님마저 딸의 결혼이 진짜인지 어리둥절할 만큼 녹록잖았던 삶의 힘겨움, 가정 경제의 지난한 어려움에도 학업과 직장 생활을 병행한 새신부가 마음을 다 비운 상태에서 목격한 합격 통보는 한없는 눈물을 쏟아내기에 충분했다. 더욱이 이 소식을 들으신 장모님께서 아내가 초등학교 6학년(아내는 국민학생으로 입학해 초등학생으로 졸업했다.) 때 이후로 우리 가정에 웃을 일은 이 일이 처음이라고 하신 말씀은 내 마음을 깊이 후볐다. 그러니까 지금껏 아내는 매우 힘든 삶을 고군분투하며 살아왔던 거였다. 어린 시절, 한순간에 무너진 가정의 어려움은 헤어 나올 수 없는 늪이었다. 그러니 우리에게 아내의 합격은 놀라운 간증거리가 아닐 수 없다.

특별히 난 다섯 번째 임용에 도전 중이던 아내에게 이런 말까지 했었다. 이제 결혼도 해 공식적인 목회자 아내가 됐으니까 이번 시험에서 떨어지면 아예 결단하고 오직 하나님 일(제도권 교회 안에서 이뤄지는 일을 염

두하고서)에만 전적으로 매달리자고 제안했었다. 아내도 이런 내 말에 순순히 고개를 끄덕였었다. 그 끄덕임은 어쩔 수 없이 수긍하는 마지 못한 행동이 아니었다. 새로운 인생을 건 진심의 약속이요 다짐이었 다. 그러면서 난 횡성읍 내에 단 한 군데도 빠짐없이 복음을 전하자고 야심 차게 말했었다. 그때 내가 맡았던 유초등부 출석 인원이 약 30명 정도에서 시작해 70명을 넘어 100명을 바라보던 때이기도 했다. 젊은 전도사의 마음에 부흥과 성장에 대한 열망이 가득했을 때였다. 그런데 우리 부부가 복음 전도를 결단하고 교사직이라는 아내의 꿈을 내려놓 기로 한 그해 임용고시에 합격했으니, 우리에겐 기적과 같은 일이었 다. 물론 누군가에겐 대수롭지 않게 여겨질지도 모른다. 그러나 우리 두 사람에겐 짙은 감격과 감사가 어린 간증 거리다. 죽어라 공부해도 합격하기 어려운 시험인데, 이런 상황에 덜컥 붙었으니 놀라지 않을 수 없었다.

우스갯소리지만, 당시 교회엔 청년 두 명도 임용고시를 준비하고 있었 다. 아내도 준비 중이라는 말을 익히 들은 교회 권사님들은 결과에 관 심이 많으셨다. 모두가 합격하면 좋겠지만, 쉽지 않은 시험이라는 걸 잘 아셨기에 누가 임용에 붙을지는 권사님들의 관심사였다. 그것도 종 교적인 기복 신앙의 냄새를 풍기면서 말이다. 말하자면, 한 명은 목회자 아내고 다른 두 명은 교회 청년이었으니 그분들 생각엔 두 명의 청년이 붙는데 목회자 아내가 떨어진다는 건 하나님께 복을 받지 못한 것처럼 여겨질 상황이었다. 한국 교회의 보수적인 복음주의 신앙 세대로서 초고령 지역에선 더 그랬을 수도. 난 사실, 권사님들 사이에서 이런 얘기가 공공연한 이야깃거리인지 몰랐다. 되레 다른 청년들을 신경 쓰느라 아내의 임용 결과를 알고도 선뜻 말할 수 없었다. 하지만 궁금한 건 절대 못 참는 성도들 아닌가? 권사님들은 내게 스스럼없이 물으셨다. 그것도 다른 두 청년이 모두 떨어졌다는 소식을 먼저 들으시고 말이다.

이윽고 권사님들 귀에 명확하게 못 박힌 아내의 합격 소식은 순식간에 온 교인에게 퍼졌다. 초고속 시대라곤 하지만 인터넷과 언론사를 제외하고 교회만큼 정보가 빠르게 전달되는 조직이 또 있을까? 어쨌든 난 임용에 떨어진 청년들 생각에 밝은 표정을 지을 수 없었다. 그러나 이런 것마저 기복 신앙과 연관하여 이해하는 어르신들을 생각하면 한국 교회 안에서 목회자나 목회자 아내는 무조건 잘되는 것처럼 보여야만 덕스러운 건지 심히 유감스러웠다. 분명 예수님의 제자는 대부분 순교당했고, 성경의 많은 인물이 의를 위한 핍박과 이유 모를 고난까지 겪었다고 누누이 설교하지만, 그건 설교 시간의 경청일 뿐 여전히 성도들의 가치관에 녹아 있는 이해 체계는 성경의 메시지와 복음적 삶에 둔감했다. 목회자로서 이러한 한국 교회 성도들의 이해와 생활에 대해 어떻게 지도하고 목양해야 할지 막막함이 있었지만, 설령 이런 사고체계를 가지고 있더라도 아내의 임용고시 합격을 하나님의 복으로 이해하는 성도님들의 말은 싫지 않았다. 오히려 기분이 좋았다. 마음 한편엔 씁쓸함이 있었지만 말이다.

이후 아내의 교사직은 우리 가정을 지탱하는 수단이면서 동시에 복음 전도의 접점과 기독교의 사랑을 구현하는 통로가 되었다. 그뿐만이 아니라 내 목회적 자질과 능력 함양을 위한 뒷바라지 역할까지 톡톡히 해줬다. 더욱이 오늘날 교회마다 다음 세대가 기하급수적으로 줄어드는 암울한 현실을 목도하면서 다음 세대를 살리기 위한 하나님의 놀라운 섭리와 전도의 통로로 사용되었다. 분명 마지막 임용고시로 받아들이고선 이마저 떨어지면 온 동네를 다니며 복음을 전하자고 굳게 약속했건만, 하나님께선 우리의 약속을 확인하셨는지 아내의 교사직을 다음 세대 선교의 도구로 삼으셨다. 이 얼마나 감사한 일인지. 역시 하나님의 일하심은 인간의 생각을 초월하신다는 걸 느꼈다. 이후로 난 아내에게 간혹 이런 얘길 듣곤 한다.

아내는 가정불화로 힘든 학생, 한 부모나 조부모 가정에서 살아가는 학생, 친구 관계와 성적으로 힘든 시기를 보내는 학생, 기독교인이면서도 가정, 학업, 친구 관계가 원만치 못해 복음 정신으로 살지 못하는 학생 등 참 다양한 환경에 처한 학생들을 만날 때마다 학교는 그저 교육기관이나 직장이 아닌 선교지와 같다고 말한다. 학교에서 학생들을 지도하다 보면 부모님이나 조부모님과 상담하는 경우가 종종 있는데, 그럴 때마다 아내는 예수님의 사랑과 희생으로 그들을 품고자 애쓴다며 기도를 부탁할 때가 있다. 실제로 예수님을 그리스도로 영접한다든지, 우울해하던 학교생활에서 조금씩 활력을 찾는다든지, 좀 더 공부에 집중할 수 있는 좋은 학교로 진학한다든지, 잘못된 생활에서 올바른 생활 패턴으로 삶의 변화를 경험하는 등 조금씩 나아지는 학생들로 인해 얼마나 하나님께 감사한지 모른다는 고백 같은 말을 들을 때가 있다. 처음 임용고시를 준비할 때는 가르치는 것과 생업이 목표였지만, 이제 아내에게 학교는 그런 곳을 넘어 세상 속에서 하나님을 높이고 창조주를 증명하는 선교적 공간이다. 이에 자기도 동의한다며 마음을 다지는 아내의 모습은 목회자인 내게 큰 울림으로 다가올 때가 있다. 사실, 이런 상황은 우리와 같은 목회자 부부만이 아니라 모든 교회와 그리스도인이 그들의 일상에서 복음을 드러내며 살아야 할 선교적 존재임을 깨닫게 하는 부분이다.

이와 연관해 오늘날 모든 교회와 그리스도인은 하나님께서 창조주이시고 전지전능하신 분이라고 말하면서 정작 하나님을 교회 안에 가둬버릴 때가 참 많은 것 같다. 이 말은 완전하신 하나님이시더라도 불완전한 인간에게 갇힐 수 있다는 뜻이 아니다. 이것은 많은 그리스도인이 교회 안에서는 거룩하고 경건한 것처럼 보이지만 가정, 학교, 직장, 그리고 그 외 살아가는 세상 문화 속에서는 기독교의 하나님을 말과 행실로 잘 증명하지 못한다는 말이다. 그래서인지 오늘날 많은 그리스도인은 자신의 부족한 믿음으로 말 못 할 힘겨움과 갈등을 느끼면서 신앙생활의 불편까지 겪는 것 같다. 더욱이 이런 이중적인 삶이 오래돼 습관이 되면 양심적 가책이나 신앙적 반성조차 느끼지 못하는, 마치 '화인 맞은' 종교인으로 살아가는 경우도 많은 것 같다. 기독교의 하나님은 온 우주 만물을 창조한 분이신데 말이다. 이런 걸 한 번씩 느낄 때면 마음이 무척 아프고 안타깝기 그지없다. 그래서 난 교회 안을 넘어 교회 밖인 학교에서 소그룹을 만들어 복음을 전하고, 학생들의 내면을 만지는 아내의 사역이 너무나 귀하다고 생각한다.

특히 아내는 학생들에게 작은 변화가 보일 때 어김없이 하나님께 영광 돌리고, 감사를 고백하는 교사다. 이런 아내를 볼 때면 주로 목회 구조 안에 사는 나 자신이 부끄러울 때가 있다. 물론 교회 안에서 이뤄지는 목회도 하나님의 일이지만, 궁극적으로 교회 됨은 교회 안에서만 드러나서는 안 되기 때문이다. 그것은 어김없이 밖으로도 나타나야 한다. 그럼에도 교회 안에서만 이뤄지는 교회 생활은 사뭇 기독교의 하나님을 교회 안으로 가둬버리는 꼴이 될 때가 있다. 더구나 성경의 근본정신에서 변질한 현대 교회들의 모습은 밖으로 드러내기 부끄러울 만큼 감추고 싶은 모습도 많다. 안을 넘어 밖으로 드러나야 한다고 말하지만, 안의 모습을 스스럼없이 밖으로 표현하기가 부끄러울 정도니 오래된 전도 방법으로 "와 보라!"라는 복음 전도의 구호를 말리고 싶을 때가 있다. 적어도 "와 보라!"고 자신 있게 외치려면 외부인이 느끼기에 충분히 매력적이어야 하는데, 기독교의 참 매력인 그리스도의 사랑과 희생을 찾아보기 힘든 요즘 "와 보라!"고 하면 그 말은 맘모니즘(mammonism, 황금만능주의)적 사고에 젖어 덩치 키우기에 혈안이 된 듯한 느낌을 받을 때가 종종 있다.

그래서 난 실천신학자로서 한국 교회가 안을 넘어 밖으로 나가야 한다는 선교적 외침만으로는 병든 한국 교회를 건강하게 세우는 데 불충분하다고 생각한다. 왜냐하면 현재 한국 교회는 성경적 모습에서 많이 변형돼 밖으로 나갈 준비가 충분치 않기 때문이다. 어떤 이들은 이런 이유로 세상을 향해 나가기를 멈추거나 연기해서는 안 된다고 주장하기도 한다. 부족하지만 오히려 선교적 의미를 가지고 세상으로 들어갈 때 교회 됨의 모습을 함양할 수 있다고 말한다. 물론 한편에선 이런 주장도 일리가 있다. 아니, 인정한다. 하지만 오늘날 한국 교회의 상황을 병리학적으로 진단했을 때, 준비됨과 훈련됨은 간과하면서 파송과 선교의 개념 또는 대사회적 실천을 계속 강조하는 것이 과연 하나님과 세상을 잘 연결하는 올바른 안내인지는 점검해 볼 필요가 있지 않을까?

그래서 나는 오늘날의 모든 교회와 그리스도인에게 이렇게 말하고 싶다. 곧 '내적 성장과 외적 성장의 균형'을 추구하라고. 달리 말하면, 이 말은 존 웨슬리(John Wesley)의 표현처럼 "내적인 은혜의 외적인 표지"(an outward sign of an inward grace)라는 말로 이해할 수 있다. 내적 경험, 내적 성장, 내적 체험 없이 외적 증거가 잘 이루어질 수 있을까? 달리 말하면, 복음의 외적 표지가 되려면 내적 체험은 불가피하다. 이것은 역으로 내적 체험을 통한 변화가 없을 때 교회의 외적 증거는 올바르게 기능할 수 없다는 말이다. 까닭에 목회 현장이든 신학 강단이든 한국 교회를 향한 방향 제시는 내적 성장과 외적 성장이 균형과 조화를 이루는 외침이어야 한다. 곧 내적인 것과 외적인 것을 함께 추구할 때 교회는 건강하게 존재할 수 있다는 말이다.

현재 한국 교회가 돌아가는 상황을 보면, 현장에선 어떡해서든 사람을 끌어모아 교인 수를 늘리려 하고, 강단에서는 이런 외형적 성장을 지적하면서 세상 안에서 교회 됨을 드러내는 선교적 교회가 돼야 한다고 강조하는 분위기다. 물론 선교적 교회의 외침이 내적 성장을 반대하는 것은 아니지만, 한국 교회의 상황을 좀 더 객관적으로 고려한다면 현대 한국 신학은 교회의 내적 건강성보다 교회의 외적 선교성을 더 강조하고 있는 것이 사실이다. 그래서 내가 하고 싶은 말이 내적인 것과 외적인 것의 '균형'이다. 이 둘 중 어느 하나가 더 강조될 만한 상황이라는 건 시대 정황상 있을 수 있지만, 그러다 보면 편협해질 수 있다. 그 때문에 나는 어떡해서든 둘 중 하나가 간과될 만한 여지가 있다면 미연에 방지하는 것이 좋다고 생각한다. 아니, 엄밀히 말하면 웨슬리의 표현을 더 강조하고 싶다. 그러니까 건강성을 잃은 지금의 한국 교회가 "와 보라!"는 전도를 통해 실제적인 효과를 얻으려면 내적 건강성과 외적 기능성을 함께 고려해야 한다는 말이다. 해서, 나는 세상에서 기능하는 아내의 교사직이 더 선교적 의미를 드러낸다고 생각한다.

어쨌든 난 이렇게 사는 아내를 보면 마치 내가 담임 교사가 된 것처럼 마음이 흐뭇하고 매우 기쁘다. 힘겹게 사는 학생들이 학교생활을 통해 활기를 찾는다든지, 학업 성적도 올라 좋은 학교로 진학했다든지, 그리고 그 아이들이 고등학교를 지나 대학에 진학해서도 여전히 아내를 못 잊어 찾아왔다는 얘길 들으면 아내는 단순한 담임 교사를 넘어 영적 어머니라는 생각이 든다. 그들 인생의 좌표를 가리키는 나침반처럼 말이다. 이것이야말로 하나님께서 기뻐하시는 선교적 백성들의 삶이지 않을까?

이런 사명감 때문인지 아내는 잘 풀리지 않는 업무와 맞닥뜨리면 그리스도인으로서 어떻게 해결하는 것이 좋은지 내게 묻곤 한다. 그럴 때마다 우린 해결책을 찾기 위해 상황을 나누고 따져보지만, 늘 마지막에는 마음을 다잡는 한결같은 멘트가 있다. 그것은 "학교가 교육기관인 건 맞지만, 그것을 넘어 하나님께서 파송하신 목회지와 선교지로 여기자."라는 말이다. 교회를 안 다니는 학생이든, 신이 어디 있냐며 하나님을 부인하는 무신론자 학생이든, 기독교를 반대하는 강성 학생이든 상관없이 그들 모두를 창조주의 잃어버린 피조물로 여겨 하나님과 분리된 상태를 원형의 관계로 회복시키자는 선교적 선언을 한다. 특히 반 학생들에 대해선 하나님께서 아내에게 지명하여 맡겨주신 양처럼 여기자며 목양 정신으로 마음을 다지곤 한다.

언급했지만 덧붙이면, 아내의 교사직은 우리 가정의 생계를 책임지는 버팀목이다. 내가 모든 사역을 과감히 내려놓고 신학 박사 과정에 진학했을 때 아내의 교사직은 단순히 고정적이고 안정적인 직업만이 아니었다. 아내의 사회적 위치는 내가 좀 더 올바른 목회자로 성장하고 성숙하는 데 필요한 실제적인 내조가 되었다. 물론 아내는 한국 교회 목회자의 현실이 혹독하고 점점 전망이 없다는 것에 안타까워하면서 힘들어할 때도 있었다. 하지만 아내는 전임 사역을 내려놓고 성경적 교회 운동을 펼치고 싶다며 학업에 달려든 내게 조금의 서운함도 표현하지 않는다. 한국 사회에서 목회자 아내로 산다는 것이 막막할지언정 목회자로 성장하기 위해 투자하고 힘쓴 것에는 단 한 번도 반대한 적이 없었다. 오히려 더 공부하기를 권했다. 때론 한 푼도 가져오지 않으면서 하나님의 뜻이라며 신학 공부를 더 하고 싶다는 내 말이 수용하기에 어려웠을지 모르지만 말이다.

그런데도 아내는 시간이 흐를수록 학문적 열매를 맺고, 신학적으로나 목회적으로 점점 성장하는 나를 보면서 더욱 하나님께 기도한다. 현재 미자립 교회가 80% 이상인 한국 교회 상황에서 목회자로 산다는 것은 때론 능력 없고, 책임감 없고, 못난 남편 같을 수도 있을 텐데, 여전히 내가 하는 설교와 성경 가르침에 순종하며, 하나님의 부르심에 합당한 삶을 살기 위해 발버둥 치는 아내가 얼마나 사랑스럽고 고마운지. 어쩌면 내가 20여 년 목양에 일념하다가 다시 신학 공부를 할 수 있었던 것도 20년 전 우리의 결단을 보시고, 임용에 합격하게 하신 하나님의 섭리인지 모르겠다. 그렇다면, 보수적이고 전통적인 한국의 제도권 교회가 좀처럼 수용하지 못하는 목회자 아내의 교사직은 이분법적으로 분리할 세속직일까? 다만 세속직으로 구분한다면, 이것은 하나님 나라의 복음을 위한 선교적 세속직일 것이다. 아니, 엄밀히 말하면 세속직으로 칭하는 것도 성직과 구분하기 위한 용어적 개념일 뿐 하나님의 나라와 선교를 위한 직업은 근본 세속직이 아니다. 온전한 복음을 위한 것이라면 그것은 무엇이든 선교직인 것이다.

그렇다. 하나님은 복음에 진심을 담은 자를 찾으시는 분이다. 또 복음적 삶을 간절히 구하는 자에게 사회적이고 문화적인 장도 마련해 주시는 분이다. 그 때문에 모든 교회와 그리스도인이 하나님의 뜻을 진심으로 구하기만 하면, 하나님은 가만히 계시지 않는다. 많은 신학자와 목회자가 이구동성으로 하는 말이 있다. 지금의 한국 교회가 위기라고. 하지만 이런 상황에도 절대 좌절하거나 낙심하지 말 것은 하나님께서 우리와 함께하시기 때문이다. 이런 까닭에 우선적으로 기독교가 살필 것은 겉으로 나타나는 상황과 통계가 아니다. 우리가 복음 앞에 진심인지, 복음을 살아내기 위해 진정 몸부림치고 있는지를 먼저 점검해야 한다. 그렇기만 하면, 하나님께선 반드시 우리와 함께 일하신다고 나는 굳게 믿는다. 마치 20여 년 전 우리 부부가 결단하고 하나님께 기도했던 것처럼 말이다. 그래서 나는 당당히 말할 수 있다. 오늘도 아내는 세상 속 선교사로 살아가고 있다고.

도율 I.
믿음 테스트

한국 교회에서 부교역자로 살아가는 것은 담임 목사보다 어깨가 가볍다고들 한다. 보통 이런 말은 부교역자들의 대화 주제라기보다 담임 목사가 부교역자에게 하는 말 중 하나다. 하지만 이런 말이 때때로 우습게 들리는 것은 담임이 책임이 크지 부교역자들은 담임에 비하면 편하게 사역한다는 뜻으로 쓰일 때가 많아서다. 그럼, 이 말은 틀렸을까? 아니다. 맞다. 그런데 왜 이 말이 우습게 들릴까? 너무도 당연한 소리를 쉽게, 그리고 너무 자주 하기 때문이다. 그럼 이런 말을 여러 번 듣는 부교역자들은 무엇이라 수군댈까? 당장 담임과 부교역자의 엄청난 예우 차를 말하지 않을까? (차이가 날 만도 한데) 교단법처럼 매년 사무총회에서 1년직으로 담임 목사에 의해 재신임을 얻어야 하는, 소위 대학원까지 나온 부교역자들인데 말이다. 더구나 고생고생해서 유학까지 다녀온 석·박사 부교역자들이 이런 예우를 받는 건 정당한가?

오래됐지만 2002년 첫 교육 전도사로 사역을 시작한 나는 세 파트를 맡고는 월 40만 원의 사례비를 받았다. 이후 2005년에 목회지를 옮겨 전임 전도사로 사역하면서는 사택과 관리비 일체를 교회로부터 제공받았지만, 사례비는 월 85만 원 수준이었다. 그리고 2008년 목회지를 옮겨 전임 전도사로 사역할 때는 빈 사택이 없어 사택 보조금 2,000만 원에 사례비 130만 원을 받았지만, 월 55만 원 상당의 관리비를 스스로 해결해야 했기에 이전에 받았던 85만 원과 별반 다르지 않았다. 이후 목사 안수를 받고 부목사로 사역하면서는 170만 원 정도로 출발했지만, 호봉대로 매년 사례비가 오르진 않았다. 더구나 윗지방에서 2,000만 원으로 무슨 집을 구하라고. 이후 1년 뒤엔 빈 사택이 나와 교회 사택에서 살 수 있었지만, 한 층당 30평 남짓한 공장형 빌라를 두 곳으로 분리(조립식 칸막이로 중간을 막아서 사용했기에 방음이 잘 안 됐다)해 개조한 집이었으니, 곰팡이는 말할 것도 없었다.

그리고 2015년 마지막 부교역자로 사역할 땐 30년 된 아파트였지만, 31평 아파트에 월 230만 원의 사례비를 받았다. 이때가 전임으로 11호봉 때였다. 그러나 관리비 일체는 역시 자부담이었다. 하기야 행정선임 목사로 부임했기에 다른 부교역자들보다는 좀 더 받은 거였다. 게다가 규모가 좀 있는 교회에서 행정 목사 경험이 있는 부교역자를 데리고 쓰면 큰 변화가 있으리라는 기대까지 했었다. 부교역자 한 사람 데려다 놓고 이런 엄청난 걸 기대하다니. 그리고 이런 속내를 내비치다니. 차라리 이것이 가능하다면 담임 목사로 사역하지 왜 부교역자로 있겠나. 물론 담임 목회지가 하늘의 별 따기지만 말이다. 하지만 솔직히 말하면, 부교역자에게 이런 걸 기대하면서 책임을 묻는다는 건 놀랄 노 자다. 이 말은 무능하다는 말밖에 안 된다. 이때 내 나이는 40대 초반이었고, 목회 경력은 14년이 막 넘는 시기였다. 목회자들의 보편적인 학력일진대, 대학교 4년, 대학원 3년을 나와 전임 전도사로 4년을 사역하면서 전도사 시험과 목사고시를 치른 뒤 안수받은 지는 7년 차였다. 그런데 담임과 비교도 안 될 만큼 적은 사례비를 받는 부교역자들 앞에서 담임 목사들이 어깨가 무거우니 가벼우냐며 심심찮게 부교역자와 비교하고, 하소연이나 탓 또는 교회 부흥과 성장의 책임을 묻는다는 건 창피한 것 아닌가?

여하튼 담임 목사들도 그런 부교역자 시절을 겪어 지금의 위치까지 왔다고 하니 흐름과 상황을 전혀 이해 못 하는 건 아니다. 하지만 솔직히 지금 담임 목사가 겪는 목회적 어려움을 부교역자들이 다 안겨 준 건 아니지 않은가? 엄연히 말하면, 본인의 힘든 목회 환경 그것은 보통 그 교회의 상황이나 담임 목사의 리더십과 관련 있지 않은가? 그러니까 부교역자가 시도 때도 없이 담임 목사들 감정이나 살피면서 투정이나 들어줘야 하는 카운슬러(counselor)는 아니라는 말이다. 당연하게도 부교역자가 담임 목사의 여러 상태도 살필 줄 아는 센스쟁이면 더없이 좋겠지만 말이다. 그렇다고 대부분 담임 목사가 부교역자의 의견을 잘 듣는 것도 아닌 것 같은데. 때로는 말썽 피우는 부교역자들 때문에 담임 목사들이 어려움을 겪는 경우들도 있다. 하지만 그것보다 대개는 반면교사 같은 담임들 때문에 부교역자들의 속이 타 들어갈 만큼 억울할 때가 훨씬 많다. 그만큼 부교역자가 사역적으로 탁월하고 인격적으로 존경할 만한 담임 목사를 만나는 것이 무척 힘들다. 또 담임 목사들도 힘든 목회 환경에서 눈치 빠르고, 뭐든 척척 해내 목회의 어려움을 해갈해 줄 만한 부교역자를 만나기 어렵다. 그런데도 한국 교회는 서로에게 높은 이상과 기대를 내걸고 있으니 이 얼마나 안타까운 현실인지. 그렇다고 내가 만난 담임 목사들이 다 이렇다는 건 아니지만, 부인할 수만도 없다. 물론 상대적이겠지만 말이다. 여하튼 한국 교회에서 목회한다는 것이 담임 목사만큼이나 부교역자의 삶도 결코 녹록지 않다는 건 분명하다. 어쩌다 보니 서두가 길어졌는데, 그래서 풀어놓으려는 것이 이런 환경에서 태어난 우리 집 셋째 이야기다.

셋째가 태어난 건 첫째가 여섯 살, 둘째가 세 살 때였다. 말한 것처럼 우리가 살던 사택은 16평 정도였다. 한 층에 두 개의 사택이 있었으니 옆집 교역자분은 우리 집 아이들 소리에 잠도 잘 못 주무셨을 것 같다. 더구나 이곳에서 맞게 된 세 번째 출산이었으니 오죽하셨을까. 그렇게 이곳에서 6년을 살았는데도 아기 울음소리로 불편하다는 말씀 한 번 안 하셨던 고마운 분이셨다. 어쨌든 힘든 부교역자 생활이었지만, 자녀는 하나님께서 주신 선물이니 우린 감사함으로 양육했다. 이 이야기는 아내가 셋째를 임신하고 있을 때다.

하루는 여동생에게 연락이 왔다. ○○대학교 대학병원 간호사로 취직하게 됐다는 소식이었다. 얼마나 반갑고 기뻤는지. 지금도 그렇지만 간호대학을 나와 대학병원에 취직했다는 건 엄청나게 축하받을 일이다. 하지만 이런 기쁨도 잠시뿐, 동생은 다음 이야기를 이어갔다. 간호사 생활을 하려면 이사를 해야 하는데, 윗지방에서 방 구하기가 어렵다는 거였다. 작은 교회 목회자 자녀로 자랐던 우린 늘 가난했기에 취직의 기쁨도 한껏 누리지 못한 채 방을 구해야 한다는 막막함에 빠졌다. 하지만 한 가지 현실적 열쇠가 있었는데, 그것은 나와 함께 사는 거였다. 더구나 그 대학병원은 내가 사역하는 교회와 불과 차로 10분 거리였으니 단칸방 구할 전세금조차 없던 상황에 오빠와 함께 살면 경제적으로도 매력적이었다. 하지만 맘에 걸리는 두 가지가 있었는데 하나는 아내였고, 다른 하나는 좁은 사택이었다.

셋째를 임신해 입덧으로 힘든 아내인데, 시누이까지 함께 산다는 건 얼마나 불편하고 어려운 일인가. 설령, 그랬다간 아내에게 깊은 상처와 서운함을 안겨 주게 될까 봐 걱정도 많았다. 그런데 굉장히 미안하면서도 너무 감사했던 건 이 제안을 먼저 해 준 사람이 바로 아내라는 거였다. '아니, 그래도 그렇지. 아내가 먼저 말했다고 그걸 덥석 물어? 남편이라는 사람이 말이야.'라고 생각하겠지만 나와 동생이 별수 없던 건 함께 사는 것 말고는 다른 대안이 없었기 때문이었다. 이건 굳이 말하지 않아도 아내가 잘 아는 시댁 형편이었다.

결국 동생은 우리와 함께 살게 됐고, 우린 방 두 개 중 안방을 동생에게 내주게 되었다. 선택의 여지가 없었던 건 그 방이 좀 더 작은 방이었기 때문이다. 수십 년이 지났지만 지금도 난 시누이를 위해 같이 살자며 흔쾌히 제안해 준 아내에게 미안하고 고맙다. 그때부터 우리 가족은 6평 정도 되는, 좀 더 큰 옆방에서 곰팡이와 함께 살게 되었다. 그러니 아이들은 늘 콧물, 기침, 열을 달고 살았다. 물론 어릴 땐 많이들 그러지만 말이다. 졸지에 우린 16평 남짓한 사택에 태아를 포함해 총 6명의 식구가 함께 살게 되었다.

그런데 이 얘기의 본론은 지금부터다. 경제적으로 어렵게 살았던 아내는 산모였는데도 한 푼이라도 더 벌어야 한다는 생각에 일을 쉬지 않았다. 조금이라도 살펴드려야 할 장모님이 늘 계셨지만, 무엇보다 결혼하면서 빈손으로 올 수밖에 없었던 아내는 이게 늘 맘에 걸려 미안함과 불편함을 갖고 살았다. 아내는 6시에 일어나 준비하고선 7시가 되기 전 인천에 있는 학교로 출근했는데, 거리가 있다 보니 4시간 정도를 매일 왕복했다. 그러고도 집에 오면 어린 두 자녀 돌보랴 집안일 하랴 쉼이 전혀 없는 삶을 살았다. 아이들 어릴 땐 다 그렇지 않냐고 생각할지 모르나 퇴근 후엔 나까지 없었기에 혼자 두 아이를 본다는 건 매우 어려운 일이었다. 왜냐하면 난 아내에게 바통 터치를 하고선 교회로 나가봐야 하는 날이 주중 4일은 기본이었기 때문이다. 그리고 내가 다시 집에 들어오면 시간은 밤 9-11시 사이였다.

홑몸이 아니었던 아내가 어떻게 직장 생활까지 해 가며 어린 두 아이를 돌봤는지. 어떻게 그 시간을 버텼는지. 거기에 시누이까지 함께 지냈으니 말이다. '어휴~' 생각만 해도 숨이 턱 막힌다. 여하튼 아내 상황이 이랬기에 교회 생활은 기본적인 것만 참석했지만, 학교와 가정일에 지친 아내는 막달째가 되서는 신우신염에 걸리고 말았다. 도저히 몸이 버텨 낼 상태가 아니었던 거다. 더구나 약 복용은 금물이니 상한 몸으로 출산 날까지 버텨야만 했다. 그런데도 셋째는 하나님 은혜로 잘 태어난 듯 보였다. 얼마 안 지나 소량의 배내똥을 먹었다는 얘길 듣긴 했지만 아가의 입에서 배내똥을 빼고 나서 들은 얘기는, "이 정도는 괜찮을 거예요. 안심하셔도 될 것 같아요."라는 간호사의 다행스러운 말이었다.

하지만 출산 6시간 만에 나와 막내(도율)는 분당서울대학병원 신생아 집중치료실로 향해야 했다. 이제 막 출산의 고통을 잊고, 기쁨을 누리려던 아내는 다시 정서적 고통을 겪어야 했다. 마지막 출산이라 건강

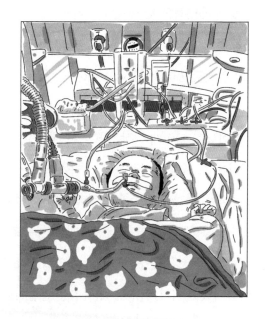

을 좀 돌봐야겠다며 잡아 둔 조리원도 포기할 수밖에 없었던 엄마의 슬픈 상황이었다. 거기다 배내똥으로 인한 심각한 폐렴에 걸린 막내는 오지 않기를 바랐던 합병이 3일 만에 찾아와 버렸다. 병명을 들어보니 폐동맥 고혈압이란다. 이 질병은 흐르는 혈관에 산소가 공급되지 않는 병인데, 뇌로 이어지는 혈관에도 산소 공급이 안 되면 뇌 손상 또는 최악의 경우 뇌사까지 각오해야 하는 심각한 병이었다. 상황이 이랬으니 어찌 산모가 편히 조리원에 몸을 맡길 수 있겠나. 태어나자마자 자가 호흡이 안 되는데 말이다. 그럼에도 어렵게 사시는 양가 부모님께는 조금의 걱정도 끼쳐 드리고 싶지 않아 괜찮다며 기도만 부탁드렸다. 그런데 이런 상황임에도 목회자가 어떻게 사는지 궁금해 날 바라보던 뭇 성도들도 있었다.

그때 난 욥의 고난을 묵상하면서 하나님께 이런 기도를 드렸다. '생사는 하나님 소관이니, 하나님께 다 맡깁니다. 다만 제 입술로 하나님을 원망치 않게 해 주세요.' 빛이 보이지 않는 터널을 계속 지나는 것 같았지만, 난 주어진 사역에 소홀하지 않기 위해 무척 애를 썼다. 막내와 아내를 위해 내가 할 수 있는 것이라곤 기도 외에는 아무것도 없었다. 더구나 도율이는 수요일에 태어났는데, 난 그 주 월요일에 발생한 장례 때문에 꼼짝없이 바빴다. 수요일에는 도율이를 데리고 신생아집중치료실로 향했고, 그런 후 아내를 사택으로 바래다주고선 조리원 예약을 수습했다. 또 그 주간 토요일에는 오래전부터 계획했던 교구 새 생명 축제가 잡혀 있었기에 난 교구 성도들과 노방에서 전도하면서 찬양 인도까지 맡아야만 했다. 이런 상황이었지만 난 매일 필요한 것을 전달도 할 겸 도율이의 몸에 손을 얹고 기도하기 위해 병원을 오갔다. 아내는 몸조리에만 신경을 써도 시원찮은 상탠데, 조리해 줄 사람 한 명 없이 곰팡이가 살기 딱 좋은 사택에서 매일매일 눈물을 먹었다. 설명하자면 얘기가 길어 다 말할 순 없지만 그때 난 사역의 우여곡절로 목회지를 옮겨야 했다. 이런 상황이었으니 날 쳐다보는 성도들은 어떤 마음이었을까? 어찌 되었든 난 목회지를 옮기는 그날까지 열심히 사역했다.

그런데 그때였다. 놀랄 만큼 본격적인 하나님의 움직임이 시작되었다. 폐동맥 고혈압으로 뇌 산소 공급이 안 되는 심각한 중병에서 막내 도율이가 회복하기 시작했다. 분당서울대학병원 전문의들은 한결같이 한 달, 그러니까 이 병이 낫지 않고 한 달간 계속되면 뇌 손상은 각오해야 한다고 했는데(실제로 도율이는 그 정도로 안 좋았고, 또 신생아집중치료실에는 이런 상태의 아기가 둘이나 더 있었다.) 그런 진단과는 달리 도율이는 급속도로 호전돼 2주 만에 완쾌 판정을 받아 퇴원할 수 있었다. 아니, 엄밀히 말하면 1주간은 입원과 합병으로 병이 더 악화했고, 퇴원하기 전 1주 만에 급속히 완쾌되었으니 그야말로 기적이었다. 전문의들은 너무나 놀랍게 여겼다. 그 이유는 자기들도 이런 경우가 처음이라는 거였다. 그저 나았으니 다행이라며 축복만 할 뿐 달리 설명할 길 없는 기적이었다.

사실 난 도율이가 입원해 있던 2주 중 1주는 치유를 위한 기도만 했었다. 하지만 병원을 오가며 묵상하던 중 이것은 질병의 문제가 아니라 내 믿음에 대한 테스트라는 생각이 강하게 들었다. '도율이는 분명히 낫는다. 이것은 목회지를 옮겨야 하는 막막함과 함께 교구 장례, 출산, 자녀의 질병, 산모의 건강과 슬픔, 새생명 축제 등 갑작스럽게 맞닥뜨린 폭풍우 앞에서 어찌할 줄 모르는 나를, 내 믿음을 테스트하시는 하나님의 연단이다.'라는 생각에 사로잡혔다. 그래서 난 이때부터 도율이의 회복을 위한 기도를 단숨에 멈췄다. 그러곤 내가 처한 상황을 하나님의 섭리로 믿기로 굳게 다짐했다. 그래서 바꾼 기도가 욥처럼 불평하거나 원망치 않고, 하나님만 경외하고 의지하는 참 예배하는 자가 되게 해 달라는 기도였다. 그런데 바로 그때부터 도율이의 병이 낫기 시작했던 거였다. 이후로 교회는 도율이를 위해 공식적으로 기도하기 시작했다. 신생아집중치료실에 입원한 지 딱 일주일이 지날 무렵이었다. 그러니까 묵상 중 레마(rhema)와 같은 메시지가 스쳐 내가 다른 기도 제목으로 기도할 때 온 교회는 도율이의 치유를 위해 기도하기 시작했다. 이때가 도율이가 낫기 시작한 지점이었다.

어떤 이들은, '저 부교역자가 무슨 잘못을 했길래 교회도 옮겨야 하고, 자녀까지 저런 질병에 걸린담.' 하는 생각을 하면서 의심 어린 눈초리로 나를 바라봤을지도 모른다. 마치 하나님께 심판받은 목회자처럼. 또 어떤 이들은, '김 목사님이 얼마나 힘드실까. 목회지도 그렇고 온 교우가 다 아는데 막내까지 아프고 사모님(성도들이 호칭상 하는 말임)은 몸까지 말이 아닐 텐데 몸조리도 못 하시고 계시니…'라고 생각했을 것이다. 졸지에 난 온 교우의 관심을 한 몸에 받는 부목사가 돼 버렸다. 그러잖아도 사임해야 할 부목사라 이슈였는데 말이다. 상황이 이랬기에 나는 온 정신을 하나님과 내 마음 잡기에 집중했다. 상황이 다급할수록 하나님의 일에 지장이 안 생기게 최선을 다해 내 꼼꼼함과 냉철함을 십분 발휘했다. 빈틈없이 하려고 철저하게 남은 진액까지 짜내는 심정으로 말이다.

하지만 하나님께선 내가 제아무리 철저하게 일을 해도 그것은 절대 불완전을 벗어날 수 없음을 아시지. 그런데도 하나님께선 내가 가진 모든 것을 총동원해 최선으로 목회에 임한다는 것도 다 보고 계시지. 난 이것이 중요하다고 생각했다. 만약 내가 어차피 인간의 노력은 완벽할 수 없다고 여기며 시도조차 하지 않았다면, 그것은 달란트를 묻어 둔 악하고 불충한 종이나 다름없을 거다. 그러나 남보다 적게 받은 달란트라 할지라도 다섯 달란트 남긴 종처럼 최선을 다한다면 분명 착한 종이라 일컬음 받을 것을 믿었다. 설령 막내 도율이가 낫지 않거나 혹 젊디젊은 부부가 자녀를 잃는 고통을 겪더라도 생명의 주권자를 인정해 그 앞에 잠잠할 수 있다면 이미 그것은 죄성을 가진 인간에게 기적임을 나는 믿었다.

이윽고 폭풍 같은 2주의 시간이 지나고서야 막내는 무사히 아내의 품에 안길 수 있었다. 온 교우는 나와 아내를 동정 어린 눈으로 쳐다보며 애처롭게 여겼고, 따뜻한 사랑의 손으로 우리 부부의 손을 꼭 잡아 주었다. 내 아들의 아픔, 나의 고독한 사역 상황, 아내의 슬픔, 이 모든 것이 우릴 지켜보는 교우들에게는 또 하나의 훈련이었을 것이다. 결국, 우린 하나님께서 주신 힘으로 넉넉히 이겼다.

그리고 2주가 지나 담임 목사는 강단에서 이런 말을 했다. 자신이 잘못 판단했다고. 구체적으로 뭘 잘못 판단했는지는 말하지 않아 모르지만 아마도 예배에 참석한 성도들은 설교 메시지보다 담임 목사의 이 말이 더 선명히 기억됐을 거다. 예배 후 부교역자들도 전부 이 얘기만 할 정도였으니 말이다. 그래. 담임 목사의 이 말 한마디에 한 가닥 희망도 품었었다. 공개석상에서의 저 말이 참 회개일까? 하지만 누군가(나를 암시한)의 사임은 담임 목사의 갑작스러운 선언으로 의결한 것이었기에 난 목회지를 옮겨야만 했다. 하나님의 기적이 우리 가운데 임했지만, 도율이의 일 외에 내 목회와 관련한 건 아무것도 변한 게 없었다. 이전 그대로였다. 당연히 찢어질 듯 가슴이 아팠지만, 도율이에게 나타난 기적 같은 일은 하늘이 내려주신 큰 위로와 힘이었다.

'신구야! 봐봐! 내가 너와 함께하잖니. 그러니까 너무 걱정하거나 힘들어하지 말렴. 봐봐! 내가 함께하니까 이런 상황에도 어느 것 하나 어그러진 것 없이 다 되잖아. 어떻게 이런 복잡한 상황에 목회가 순조롭게 잘 진행될 수 있겠니. 그러니 너무 억울해하거나 속상해하지 말렴. 나도 그랬어. 나도 십자가 지느라 무척 힘들었단다. 신구야! 힘들지? 너무 힘들었지? 괜찮아. 내가 너와 함께한다는 걸 도율이를 통해서 내가 보여줬잖니?'

그래! 맞다! 하나님께선 내 고독한 상황과 우리 가정의 절박한 아픔을

통해 부교역자와도 함께하시는 하나님이심을 친히 보여 주셨다. 이윽
고 하나님께서는 성도들을 통해 우리 부부의 손을 꼭 잡아 주셨다. 특
히 새생명 축제를 준비하신 교구 성도들과 함께 말이다. 이후에 들은
얘기지만 도율이의 어려움이 새생명 축제를 더 은혜롭게 이끌었던 힘
이기도 했다고 말이다. 그리고 우린 완쾌한 막내와 함께 또 다른 모험
의 목회지로 가게 되었다. 승리의 기쁨과 사무친 아픔이 혼재된 복잡
한 마음을 안고서….

도율 II.
생명을 낳은 사랑 vs 파괴를 낳은 정죄

"도율이 부모님, 이제 도율이 퇴원해도 됩니다."

가냘픈 여간호사의 목소리였지만 우린 그 목소리가 너무도 우렁차게 들렸다. 드디어 도율이가 분당서울대학병원 신생아집중치료실에서 퇴원하던 날, 아내와 난 흥분을 감추지 못한 채 준비해 뒀던 배냇저고리와 속싸개를 가지고 쏜살같이 병원을 향했다. 이윽고 치료실에 도착해 도율이를 봤을 땐 그동안 연결되었던 모든 의료기구가 다 해체된 자유의 몸으로 바뀌어 있었다. 이제야 배 아파 낳은 자기 아들을 안아볼 수 있었던 아내는 곧장 도율일 품에 안고서 연신 눈물을 훔쳤다. 감사와 기쁨의 눈물이었다. 아니, 긍휼의 눈물이었다. 의료진들은 모두 흐뭇한 표정으로 축복해 주었고, 우린 고개를 연거푸 숙이며 감사 인사를 드렸다. 이제 우리의 걸음은 곧장 수납실로 향했다. 막내를 품에 안은 기쁨이 당연히 더 컸지만, 수납실이 가까워질수록 마음은 점점 무거웠다.

"여보, 치료비가 얼마나 나왔을까?"
"음… 뭐 2주 있었으니까 3-400만 원 정도 나오지 않을까?"

많아 봐야 400만 원 정도쯤으로 생각했던 우린 계산서를 받자 눈을 의심했다. 계산서를 받았을 때 계산 목록이 아니라 총합 금액에 먼저 눈길이 갔다. 약 1,000만 원 정도 찍혀 있는 게 아닌가. '무슨 2주도 채 안됐는데 1,000만 원이라니?' 너무나 놀란 우린 서롤 바라봤지만, 목록을 천천히 살핀 뒤 안도의 한숨을 쉴 수 있었다. 자세한 내용은 이랬다. 250만 원은 건강보험공단에서 맡고, 250만 원은 자가 호흡이 안 되는 중병에만 정부가 부담한다는 거였다. 결국 총 병원비는 500만 원이었다. 아내는 조리원까지 갔더라면 상당한 금액이 지출됐을 거라며 조리원비보다는 비싸지만 그 돈이 이리 들어간 거로 생각하자면서 마음을 다독였다.

"그래. 자녀가 뇌 손상 없이 정상적으로 나은 것만도 기적인데, 그깟 병원비쯤이야."

말은 이렇게 했지만 워낙 가진 게 없던 우리에게 500만 원은 꽤 큰 돈이었다. 하지만 그래도 오늘은 도율이가 퇴원하는 날이니까 치료비는 빨리 잊으려 했다. 도율이를 보고 있으면 이런 돈 걱정이 미안할 뿐이었다. 그러고선 담임 목사를 비롯해 모든 부교역자와 교구 임원에게 무사히 도율이가 완쾌되어 퇴원했음을 알렸다. 여러분께서 그동안 수고했다며, 마음고생 많았다며 따뜻한 응원과 위로의 말씀을 전해 주셨다.

이윽고 주일이 되었다. 태어난 지, 그리고 퇴원한 지 막 2주를 넘긴 아가를 데리고 아내는 주일 1부 예배에 참여했다. 도율이를 데리고 하나님께 먼저 예배하고 싶었다. 그날은 여느 주일과 다름없는 날이었지만 우리가 처한 환경이 이렇다 보니 새삼 뜻깊은 주일이었다. 그러다 훌쩍 하루가 지나 주일 마지막 사역인 구역장·강사 교육을 마치고 교구 임원들과 인사를 나누는 시간이었다. 그런데 갑자기 교구 총무 권사님이 날 좀 보자고 부르셨다. 난 도율이의 퇴원으로 내 손을 꼭 잡아 주신 분들 때문에 온종일 정신이 없었기에 무슨 영문인지도 모른 채 권사님의 말씀을 들었다. 그런데 듣다 보니 구역장과 강사분들이 십시일반으로 마음을 모은 걸 전달하려는데, 집에들 가시기 전에 짧게라도 인사만 좀 해 달라는 부탁이었다. 사실 이 일은 총무 권사님과 임원들이 자발적으로 진행한 것이었고, 이에 구역장과 강사분들이 한마음으로 동의해 주신 사랑의 모금이었다. 어떤 이는 3만 원, 어떤 이는 5만 원, 또 어떤 이는 개인적으로.

상황은 이랬다. 다른 교구 성도들은 교육실에서 빠져나가고 있었는데, 우리 교구만 모두 앉아 있었기에 다른 교구 목회자와 임원들은 무슨 일인가 하고 쳐다보며 교육실을 나가는 분위기였다. 여하튼 총무 권사 님께서 먼저 교구 리더분들과 말씀을 나누신 다음 날 부르셨고, 난 어리둥절했지만 진심 어린 감사의 인사를 드렸다. 정말 생각지도 못한 일이라 당황스럽기도 했다. 사랑의 모금인 만큼 내 가정의 어려움은 교구 성도들의 사랑 때문에 교회 전체에 좋은 시너지를 내는 듯 보였다. 전혀 생각지도 못한 공동체의 사랑이 내 양손에 쥐어지는 순간이었다.

그렇게 주일 사역을 마치고 마지막 종례 시간을 기다리며 목회자실에 앉아 있는데, 사뭇 여느 때와 다른 기류가 흐르는 것을 감지했다. 하지만 온종일 어리둥절했던 난 그런 것에 신경 쓸 겨를도 없이 종례를 마치고 곧장 퇴근했다. 그러곤 집에 와서 모금한 돈을 세어 보니, 웬걸 정확히 500만 원이 아닌가. 1,000만 원 병원비에 250만 원은 건강보험공단에서, 250만 원은 중증 환자를 위한 정부지원금으로, 나머지 500만 원은 우리 돈으로 수납했는데, 그 돈이 고스란히 우리 수중으로 들어온 형국이었다. 순간 우리 두 사람은 깜짝 놀랄 수밖에 없었다. 하지만 이 놀람은 우리가 지불한 돈이 정확히 들어왔기 때문이라기보다 막내의 질병이 도율이에 대한 시험이 아닌 내 믿음에 대한 테스트라고 생각하며 욥을 묵상했건만, 도율이의 병원비를 10원짜리 하나 우리 돈으로 해결하지 않았다는 것 때문이었다. 그러니까 이 일이 분명 도율이의 시험이 아니라는 것과 함께 내 믿음 테스트라는 확신이 들었기 때문이었다. 욥을 묵상하며 견뎌낸 약 2주간의 시간을 두고 하나님께서 '잘 싸웠다. 잘 이겨냈구나.'라고 응원하시는 듯한 강한 격려와 위로를 느꼈다. 단순히 액수의 크고 작음의 문제가 아니었다는 말이다. 구역장과 강사분들의 모금이 감동적이었다면, 정확히 지출한 병원비 500만 원이 들어왔다는 것은 세밀하게 역사하시는 우리 가정의 하나님을 재발견하는 순간이었기에 더 놀랐던 거였다. 난 아내와 이 일의 전말을 나누면서 이것은 하나님의 믿음 테스트였음을 다시 고백하고 확인했다. 그리고 우린 그 자리에서 무릎을 꿇고 하나님께 기도드렸다.

'하나님, 감사합니다. 참 감사합니다. 우리의 믿음을 보시기 원해 우릴 시험하신 것에 감사드립니다. 또 우리의 필요를 헤아려 조금의 틀림도 없이 정확히 채워 주신 것도 감사드립니다. 그리고 많은 성도의 긍휼과 위로와 사랑을 받게 하심도 감사드립니다. 더구나 이런 어려움 속에서 우리와 함께해 주셔서 더 감사드립니다. 앞으로도 하나님께 불평하거나 원망치 않는 우리 부부가 되게 해 주세요. 예수 그리스도의 이름으로 기도드립니다. 아멘.'

이 일로 우린 새롭게 마음을 다지는 시간을 가질 수 있었다. 비가 온 뒤 땅이 더 단단히 굳어지는 것처럼 우리의 신앙도 단단해진 듯한 영적 안정감을 누렸다. 한 단계 신앙이 업그레이드된 듯한 알 수 없는 느낌을 받았다.

목회자들의 휴일인 월요일이 지나 흐뭇한 마음으로 출근했다. 비록 목회지를 옮겨야 했지만, 도율이 일로 우리가 받은 감사와 은혜는 훨씬 컸다. 그런데 목회자실에 들어서자마자 지난 종례 전 목회자실에서 느꼈던 이상한 기류가 몸에 닿는 듯했다. 시베리아 벌판 같은 냉랭함이 감돌았다. 이상하다고 느끼면서 목회자들도 도율이의 회복을 축하할 법도 한데 그러지 않는 분위기가 너무 이상했다. 더러는 목회자실 밖에서 개인적으로 격려와 위로로 봉투를 건넨 소수의 목회자가 있었지만 전임 사역자가 꽤 많은 교회에서 두 분 정도의 표현은 매우 적은 현상이었다. 아니 일반 성도들도 그러지 않는데 목회자들이? 인륜 도덕적으로 도저히 이해할 수 없었다. 누구 하나 도율이에 대해 진심으로 묻는 사람도 거의 없고, 날 따뜻하게 대하는 목회자도 거의 없었다. 그렇게 한 달쯤 지나자 내게도 점점 목회자들에 대한 불신과 아픔이 생기기 시작했다. 성도들에게 받은 사랑에 시기와 질투심이라도 느꼈던 걸까? 그것도 일제히? 상대방이 그러니 나 또한 다가갈 수 없었기에 그저 사역에만 집중했다. 목회자실 분위기는 이랬지만 우리 교구는 매우 행복했고, 주일 출석 인원은 계속 늘어나 분위기가 아주 좋았다.

난 월요일에도 새벽기도회 후 교역자실에서 2-3 시간 정도 일하는 습관이 있었는데, 하루는 열심히 할 일을 마무리할 즈음 자기 일을 보던 K목사가 내게 다가왔다. 지난 한 달여간 누구도 살갑게 다가와 주지 않았는데 말이다. 하지만 그의 표정은 굉장히 경직돼 있었다. 그러고는 대화를 나누다가 두 사람 모두 언성이 높아졌고, K목사는 내게 충격적인 말을 내뱉었다.

"아니, 목사라는 사람이 아무리 그래도 그렇지. 그 잘난 돈 때문에 자식 가지고 장사합니까?"

서로 고성이 오갔지만, 순간 난 어리둥절해 말문이 막혀 버렸다.

"뭐라고요? 자식 가지고 장사를 한다고요? 지금 무슨 소릴 하는 겁니까?"

이윽고 K목사가 또 큰소리를 쳤다.

"아니, 몰라서 물어요? 본인이 한 짓을 몰라요? 목사라는 사람이 자식 아프다는 걸 이유로 교구 성도들 모아놓고 돈을 뜯습니까? 그게 자식 가지고 장사하는 게 아니고 뭡니까?"

헉! 너무 어이가 없었다. 하지만 워낙에 이성적이고 객관적으로 생각하는 나였기에 K목사의 그 말은 내게 아주 유리했다. '음… 그거였구나. 딱! 걸렸다.' 한 달 전 교구장·강사 교육 후 나와 우리 교구가 모여 있는 자리에서 감사 인사를 드린 걸 성도들을 모아놓고 병원비라도 모아 달라는 줄로 크게 오해했던 거였다. 그런데 그때 나도 내 주변에서 어슬렁거렸던 두 목사에 대한 기억이 있었는데, 그중 P목사는 그렇게나 이곳저곳 자기 생각을 전하는 습성이 있는 목사였다. 이걸 알고 있었던 난 직감적으로 K목사에게 말했다.

"아, 그게 이렇게 된 거군요. 그래서 목회자분들이 내게 한 달이 넘도록 누구 한 사람 말도 없이 날 따돌렸던 거군요. 이제 내 말을 똑똑히 들으세요. 그리고 분명하게 날 오해하는 교역자들에게 전하세요. 그게 아니라 교구 총무님이 자발적으로 교구 성도분들과 십시일반으로 모금했는데, 내게 따로 전달만 하고 마치는 것보다 인사라도 해 달라고 부탁하셔서 이미 모인 자리에 가서 정중히 감사 인사를 드린 거예요. 제가 모이라고 하고선 돈을 뜯은 게 아니고요. 아니, 제가 그런 목회자로 보입니까? 내가 모이라고 한 게 아니라고요. 무슨 목회자가 성도들 삥 듣는 사람입니까?"

그 순간 내 말을 들은 K목사는 새파랗게 낯이 변해 버렸다. 나는 말을 더 이어 갔다.

"그때 보니까 L목사와 P목사가 있던데, 목사님도 잘 알다시피 P목사님이 워낙 남 얘길 잘하시는 거 아시죠? 그러니까 그분이 내가 감사 인사하는 걸 오해하고선 L목사님께 잘못 말했고, 제가 교구 성도들과 인사 나누는 동안 P목사님이 목회자실에 와서 김 목사가 교구 성도들을 모아놓고 공개적으로 돈(병원비)을 구하더라는 식으로 말을 퍼뜨린 거 아닙니까? 그리고 목회자들은 이 말을 듣고 그대로 오해하신 거고요. 그래서 다들 내게 냉랭하게 대했던 거군요. 이건 내 짐작인데, P목사님은 성향상 충분히 그럴 수 있고 그 목사님의 말을 다른 목회자들도 들었기에 목회자실 분위기가 이랬던 거네요. 게다가 목사님은 이런 거 말 안 하고 못 넘기는 성격이니 오늘 단둘이 있는 이 시간이 적기라 생각하고 제게 말을 건네신 거고요. 아닙니까?"

사실, 난 처음부터 고성을 지를 만큼 화나진 않았다. 왜냐하면 이미 도율이는 기적적으로 나았고, 치료비도 감동적으로 채워진 걸 보면서 하나님께서 내 믿음에 "합격" 도장을 꽝! 찍으셨다고 믿었기 때문이었다. 물론 당시에 내가 치른 시험지가 초등학교 수준인지 중학교 수준인지는 모르지만 말이다. 그러니 뒤에 일어난 이 일은 또 다른 어둠의 공격이라 여겼다. 이미 이긴 싸움에 맞대응할 필요가 전혀 없었다는 말이다. 그럼 왜 나도 똑같이 고성을 질렀을까? 제발 정신 좀 차리라는 뜻에서 한 일종의 연기였다. 지금은 그때 내 모습을 부족한 성품에서 비롯된 걸로 생각하지만, 그땐 도율이 일로 날 오해하고 출생은 물론 거의 죽다가 살아서 돌아온 갓난아기의 일인데 그렇게 날 오해한 목회자들이 한심하기 짝이 없었다.

이렇게 내 말이 끝나자 K목사는 꿀 먹은 벙어리가 돼 버렸다. 그러곤 미안하다고, 정말 미안하다고, 자기가 오해했다며 용서를 구했다. 하지만 내 아이의 생사가 오가는 판국에 목회자라는 사람들이 정황을 조심스럽게 물어 보지도 않고 이런 소리를 했다는 것에 고개가 절레 절레 흔들렸다. '어떻게 목회자라는 사람들이 저렇게 분별력도 없고, 귀도 얇으면서 성도들을 이끄는 영적 지도자라고 버젓이 사역하고 있다니. 어휴…' 이렇게 정황을 한바탕 크게 내뱉은 나는 상처보다는 속이 시원했다. 하지만 집으로 돌아와 이 얘길 들은 아내는 큰 충격을 받았다. 십여 년이 지난 지금도 아내는 그 목회자의 말을 그대로 기억한다. "자식 가지고 장사합니까?"라는 말 말이다. 목회! 산전, 수전, 공중전까지 겪어봤으면 이젠 그러려니 하고 넘길 만도 한데, 어쩌다 이 얘기가 나오면 잊지 않으려는 게 아니라 잊히지 않는단다.

이후로 목회자실은 이전 분위기로 돌아왔는데, 아마도 내가 없는 사이에 K목사가 우리 둘의 대화 내용을 목회자들에게 전한 것 같았다. 하지만 회복 속도는 매우 느렸다. 그리고 K목사는 이후 한두 번 더 사과를 표해 수용은 했지만, 그때의 대화는 여전히 내게 남아 있다. 그리고 난 그분께 말했다. 곧 나도 목회지를 옮기게 될 텐데, 떠나고 나면 제발 내 얘길 다른 교역자들과 하지 말라고. K목사는 늘 목회자들이 떠나면 떠난 목회자 얘기를 공공연하게 하는 습성이 있었다. 물론 내가 이렇게 말했다고 해도 내 얘길 여전히 하겠지만, 난 단호하게 말했다. 절대로 떠난 목회자들 얘기를 남아 있는 목회자들과 수군거리지 말라고, 제발 뒷담화 좀 하지 말라고. 하지만 그 교회에서 사임하던 날까지 날 오해했던 L목사와 P목사는 내게 미안하다는 말 한마디조차 하지 않았다. 아니, 글쎄 성도들은 사랑과 긍휼의 마음으로 모금해 건네 주는데 목회자라는 사람들이 일 원 한 푼 준 적 없으면서 오히려 오해하고 정죄해? 제대로 물어나 보든가. 이렇듯 오해와 정죄는 파괴력이 있음을, 특히 공동체를 무너뜨린다는 것을 사무치듯 느꼈다. 하지만 생명은 사랑을 통해서만 가능함을 성도분들을 통해 깊이 체감했다.

고속도로 위 기적

우리 다섯 식구는 또 다른 모험의 세계로 향했다. 새로운 목회지가 생겨 안심도 됐지만, 그곳에선 또 어떤 일이 우릴 기다릴지 몰라 걱정도 있었다. 이전 목회지에서의 일들이 깊은 상처로 남았기 때문이었다. 그래도 우린 도율이의 일을 통해 하나님께서 함께하신다는 확신과 위로가 있었기에 덤덤히 목회의 길을 가고자 마음을 추슬렀다. 물론 도율이는 완쾌됐지만, 출생과 동시에 치료하느라 몸이 좀 약해졌다. 폐렴 치료는 현대의학으로 충분한데, 폐동맥 고혈압을 치료하는 과정에서 목에 구멍을 뚫고 질소를 주입하는 수술을 했으니 아마 이때 도율이의 몸이 약해지지 않았나 싶다. 도율이의 경우 개복까진 아니지만 생후 1주가 채 안 됐을 때 목에 구멍을 뚫어야 했으니 말이다. 여하튼 이런 과정으로 나타난 도율이의 약점은 '열'이다. 초등학교 1학년 때까지 열경련을 5-6번 정도 했는데 부모가 이쪽에 조예가 있으면 몰라도 그렇지 않으면 열경련은 부모들을 매우 당황하게 만든다. 꽉 다물어진 입 안으로 혀가 말려 기도를 막고, 호흡이 안 돼 눈은 흰자로 돌아간다. 급기야 거품을 흘리며 열 쇼크에 정신을 잃어버리고 만다. 호흡 불가에 응급처치를 못 하면 큰일이 나기에 골든타임 전쟁이다. 더구나 만 5세까지 열경련이 잦으면 뇌전증이 될 확률이 높아진다니 걱정도 컸다.

한번은 이런 일이 있었다. 새 목회지로 옮긴 지 2년 차였다. 여전히 아내의 근무지는 인천이라 우린 다시 주말부부로 지냈다. 인천에 처가가 있었기에 아내와 세 아이는 거기서 생활하다가 금요일이 되면 모두 내가 있는 곳으로 내려왔다. 오는 길은 안 막히면 2시간 10분, 막히면 3시간 40분 정도였다. 주말의 시작인 금요일 오후였기에 매주 3시간 40분은 족히 걸렸다. 그리고 주일 오후 4-5시쯤 사역이 끝나면 난 다시 아이들과 짐을 챙겨 인천으로 올라갔다. 이런 상황임을 알면서도 간혹 목회자는 주일 종례 후라도 주일 사역이 종료된 게 아니라는 소릴 듣거나, 특히 행정 목사는 5분 대기조와 같다는 말을 듣노라면 적잖이 마음이 불편했다. 물론 이해 못 하는 건 아니지만 부교역자가 여럿 있는데 이런 말을 들으며 사역해야 한다는 것이 답답했다. 목회자의 태도와 자세를 이해하지 못해서가 아니라 틀에 박혀 있거나 옹졸해 비인격적인 마음이 느껴졌기 때문이다.

여하튼 월요일부터는 아내와 아이들의 학교생활이 시작되기에 주일 사역이 공식적으로 종료하면 가족들은 인천으로 올라가야 했다. 그러니 아내의 고생은 윗지방에서 사역할 때와 다름없이 다음 목회지로 옮겨서도 계속됐다. 난 작은 차를 몰고 올라갈 아내에게 세 아이를 모두 맡길 순 없어 사역을 마치면 부리나케 서너 시간을 운전해 인천으로 올랐다가 곧장 내려오기를 매주 반복했다. 무엇보다 월요일 새벽기도회는 행정 목사 담당이었기 때문이다. 인천으로 올라갈 때도 다시 내려오는 막차가 밤 10시였기에 우린 휴게소 한번 제대로 들를 수 없었다. 차도 막히는 데다가 밤차를 놓쳐선 절대 안 되기 때문이다. 이유 불문하고 밤 9시 50분쯤에는 인천 터미널에 도착해야 했다. 지금 생각하면 여유롭게 휴게소에 들를 수 있다는 것이 얼마나 고마운지.

매주 이러다 보니 하루는 아내가 이런 말을 했다. 올라오자마자 바로 내려가면 일주일간 또다시 떨어져 지내야 한다는 아쉬움에 자기도 그렇지만 아이들이 훌쩍거리니까 차라리 혼자 올라가겠다고. 하지만 남편이자 아빠로서 아내 혼자 세 아이를 데리고 목회지까지 내려오는 것도 마음 쓰이는 데다가, 주중에 함께하지 못해 주말만 같이 지내는 건데 올라가는 시간이라도 같이 있고 싶어 주일 오후면 무조건 인천을 왕복하길 4년을 다녔다. 그러고선 다시 인천에서 막차를 타고 내려와 사택에 도착하면 다음 날인 월요일 새벽 12시 30분쯤이었다. 난 바로 눈을 붙여 3시간 반쯤 자고 일어나 5시 전까지 교회 나가야 했다.

이런 시간을 반복하다가 어느 날 또 아내가 날 말렸다. 혼자 아이들과 올라가겠다고, 다음 날 새벽기도회도 있으니 어서 쉬라고. 하지만 난 또 고집을 피웠다. 그러곤 운전대를 잡고 함께 올랐다. 피곤할 아내가 걱정됐기 때문이다. 그런데 한참 올라가는데 갑자기 뒤에서 "악!"하는 비명이 들렸다. 아내가 뒤돌아보니 도윤이가 정신이 나가고, 거품을 질질 흘리면서 쓰러져 있는 게 아닌가. 이때가 첫 번째 열경련이었다. 게다가 장소는 고속도로 위 밤길이었다. 우린 너무나 당황했지만 그나마 다행이었던 건 오산 평택 휴게소가 바로 앞이었다는 거였다. 난 당황해 어쩔 줄 몰라 하는 아내에게 다급히 119에 신고하라고 했고, 우린 구급차가 빨리 오기만을 기다렸다. 이윽고 아내는 도윤이와 구급차를 타고 평택 굿모닝 병원 응급실로 향했고, 난 초등학교 2학년인 딸과 7살 난 아들과 함께 구급차를 뒤좇았다.

그러고는 한 두 시간쯤 지났을까? 우린 미열을 남긴 채 고온에서 벗어난 막내를 보고서야 애태웠던 마음을 겨우 가라앉히며 한숨을 내쉬었다. 하지만 우린 다시 막내를 태우고 곧장 인천을 향해야만 했다. 병원에서 출발시간은 새벽 1시, 우린 새벽 2시가 넘어서야 처가에 도착할 수 있었다. 그러곤 다들 지쳐 쥐도 새도 모르게 잠들어 버렸다. 어느새 날이 밝고 아침을 맞은 우린 언제 그랬냐는 듯 평상시처럼 출근과 등 굣길을 나섰다. 그날 난 미리 교회에 말씀드려 월요일 새벽기도회에 참석하진 못했다. 그런데 이거 하나 말하는 것도 어찌나 신경 쓰이고 맘이 불편하던지. 여하튼 난 아내와 아이들이 무사히 일과를 마치고 오기까지 처가에 머물면서 장모님과 함께 도율이를 돌봤다. 다행히 처방한 약만으로 열은 더 이상 오르지 않아 얼마나 감사했는지 모른다.

모두가 일과를 마치고 모인 오후, 장모님께서 저녁 식사하고 내려가 라고 하셔서 식사하는데 이번엔 아내가 이런 말을 하는 게 아닌가. 자기 혼자 올라왔으면 어땠을지 생각만으로도 아찔하다고. 그렇지. 내가 동행하지 않고 홀로 그 일을 맞았다면 당황해 2차 사고로 이어질 수도 있고, 그런 상황에 세 아이를 책임져야 하니 얼마나 두려운 일인가. 게다가 그런 얘길 자고 있다가 뒤늦게 들으면 아빠로서 맘이 편할까? 곧 장 운전대를 잡고 평택으로 올라왔겠지. 그렇게 우린 마지막 부교역자로 5년을 사역했다. 그러면서 단 한 번도 아내와 아이들이 내가 사역하는 교회에서 주일을 건너뛴 적이 없었다. 목회자 가정으로 주일은 반드시 아빠가 사역하는 교회에서 지켜야 한다는 내 목회 소신 때문이었다. 우리 부부가 이런 열심을 냈던 건 목회자는 이래야 한다고 여겼기 때문이었다. 때때로 담임 목사는 힘든데 아내와 아이들 매주 내려오지 않아도 된다고 집 근처에 있는 교회로 나가도 된다고 말했지만, 사실 이 말은 진심처럼 느껴지지 않았다. 또 다른 영적 전쟁의 덫으로만 여겨졌다. 빌미가 필요한 것처럼 말이다.

어쨌든 힘든 경험이었지만, 난 이 일 이후로 설교 시간이면 아주 당당하게 교인들에게 설교했다. 학군 때문에, 직장 때문에, 집(투자 목적도 있고) 때문에 한 시간 거리쯤 이사 갔다고 다른 교회로 옮긴다는 말은 추호도 하지 말라고. 내 아내와 9살, 7살, 5살 난 아이들은 그 고속도로 위에서 열경련을 해도 편도 4시간, 무려 왕복 8시간을 매주 오가면서도 주일을 본 교회에서 지킨다고 말이다(물론 교회에 몸담은 부교역자였으니까 그럴 만도 하지만). 당시 내가 사역하던 목회지의 교회들은 인근에 계획도시가 생기면서 많은 인구가 빠져나가는 분위기였고, 몸담았던 교회는 내가 부임하기도 전에 성도들의 이동이 있어 50여 명이 이사하거나 계획 중인 상황이었다. 물론 주말부부로 지낸 것은 순전히 우리 가정의 환경 때문이었지만, 누구도 내게 교회가 멀다는 말은 할 수 없었다. 성도들 입장에선 교회 이동의 여러 이유가 있겠지만 말이다. 그런데 사실, 이런 내 설교 멘트는 내가 성도들에게 전하고 싶었던 메시지는 아니었다. 순전히 부교역자로서 요청에 의한 것이었다. 군대만큼이나 하라면 하고, 까라면 까야 하는 게 부교역자들의 삶 아니겠나.

그러고 보면 요즘 툭하면 이래서 옮긴다 저래서 옮긴다며 교회를 쉽게 쉽게 옮기는 수평 이동 신자도 많은 것 같다. 물론 여러 이유가 있을 거다. 교회가 교회답지 못하다고 여길 수도 있고, 여러 분쟁과 갈등으로 더는 이 교회에서 신앙생활 하면서 상처받고 싶지 않아 피하는 경우도 있다. 하지만 대부분 오늘날 그리스도인의 교회 이동이 과연 성경적으로 합당한지는 질문이 필요하다고 나는 생각한다. 한편에선 진짜로 어렵게, 마지못해 옮기는 경우도 있지만 분명 생각해 볼 부분인 건 맞다. 여하튼 목회자가 설교 시간에 옳은 말, 당연한 말, 성경 말씀을 담력 있게 전하려면 이 정도 각오와 노력은 기본적으로 해야 하는 것 같다. 액션이든 목회적 처신이든 간에 한국 교회에서 목회자는 쇼맨십이더라도 올바름을 보여야 하는 숙명적 과제를 안고 살아야 하는 것이 오늘날의 현실이다. 왜? 복음은 설교자의 약함으로 인해 가감되어 선포돼야 할 것이 아니기 때문이다. 그렇다고 설교자가 성경대로 살려고 하지 않으면서 선포하는 설교는 더더욱 해선 안 될 일이지만 말이다.

돌이켜보면 난 참 행복한 목사다. 그동안 수고한 아내와 막내, 그리고 두 아이가 내 가족인 것이 너무 좋다. 목회자로서 나름 올바르게 살려고 몸부림쳤던 시간이 늘 힘들고 어려웠지만 지나고 나니 뿌듯하고 흐뭇한 것, 이것이 목회의 기쁨인 것 같다. 그래서 목회의 맛은 끝맛에 있는 것 같다. 마치 십자가 고난 끝에 부활의 기쁨이 있는 것처럼 말이다. 그때는 몰랐지만 되감아 살피면 때마다 붙잡아 주신 하나님의 은혜가 있었음을. 제아무리 목회자라도 죄성을 가진 인간이기에 완벽할 순 없지만, 목회자는 기본적으로 하나님과 사람 앞에 늘 양심적이어야 한다. 난 앞으로도, 아니, 지금보다 더 양심에서 어긋난 목회를 하지 않으리라 되뇌었다.

담을 넘어
창문을 열다

청빙, 계승인가? 세습인가?

지금으로부터 10여 년 전, 내가 몸담은 교단의 한 대형 교회에서 부목사로 사역할 때 일이다. 어릴 때부터 기타 치며 찬양하길 즐겼던 난 줄곧 찬양 인도 사역을 자연스럽게 맡았었다. 요즘 젊은이들은 어떤지 모르지만, 한국 사회는 정서상 누가 무얼 맡으면 그걸 다음에도 도맡는 일이 잦다. 조금은 떠넘기는 그런 분위기 말이다. 그런데 그렇게 살다 보면 어느덧 그 일은 그 사람의 그림자가 되어 뗄 수 없는 인생사가 되기도 한다. 그러면서 자기도 모르게 그 분야에 재능이 쌓이면서 꿈으로 발전해 가기도 한다. 이처럼 내게도 그런 것이 있었는데, 찬양 인도 사역이 바로 그것이다. 그래서인지 내 오랜 벗을 말하라면 중학교 2학년 때부터 내 손을 떠나 본 적 없는 기타가 그 주인공이다.

어디서 음악을 배워 본 적도 없고, 노래를 배워 본 적도 없고, 그저 교회에서 형, 누나들과 찬양하길 좋아했던 난 기타에 많은 흥미를 느꼈

었다. 단연코 그 시대 최고의 기타 교본인 『이정선 기타 교실』을 보며 독학으로 밤을 지새웠던 아련한 기억이 있다. 뭐 독학이라고 해 봐야 코드 익힘이 전부였지만 말이다. 하지만 당시 대표적인 복음성가집을 들라면 이름하여 『찬미예수 300』, 『찬미예수 500』이었으니 기본적인 코드 20여 개만 알아도 웬만한 곡은 연주가 가능했다. 게다가 기타줄을 튕기며 연주하는 실력은 바라지도 않았다. 그저 아르페지오와 고고 정도면 무난했고, 한 줄만 누르고 튕기는 로망스(Romance D' Amour) 연주를 할 때면 뭇 여학생들은 그 자리에서 뻑 갔다. 하나님의 은혜에 푹 빠진 것이 아니라 어설픈 기타 연주에 황홀경을 맛보았다. 그만큼 기본적인 스트로크 몇 가지만 알아도 전곡이 커버되던 시절이었는데, 그 대표곡이 지금도 논산 연무대에서 우렁차게 불리는 C코드의 전군 애창곡 "실로암"이다. 혹 이 한 곡으로 못내 아쉽다면 F코드의 "요한의 아들 시몬아"도 약방의 감초다.

이렇게 난 오랫동안 찬양 사역을 하면서 대학에서는 C.C.C. 선교회 동아리에서, 20여 년간 부교역자로 사역할 때는 늘 찬양팀을 맡았다. 하지만 말했던 것처럼 노래 한번 배워 본 적도 없고, 기타 연주 실력 또한 기본적인 스트로크 수준이어서 세션 팀과 연주법에 대해 논할 땐 내 부족함에 답답해하는 건반주자들의 뽀로통한 입술을 간혹 목격할 때도 있었다. 하지만 막상 강단에 서서 인도를 시작하면 웬만한 인도자들보다 잘하다 보니 많은 성도님의 격한 호응으로 그 자리를 굳건히 지킬 수 있었다. 적어도 인도만큼은 말이다. 그야말로 하나님 은혜였다. 이처럼 찬양 사역은 인생의 그림자가 되어 늘 나를 따라다녔다.

이 이야기는 부교역자로 꽤 큰 규모의 교회에서 사역할 때의 일이다. 이 교회는 교육 부서를 제외하고 청장년 조직이 9개 교구로 구성되어 있다 보니 사역 구조상 2년마다 교구를 순환해 보직을 맡는 목회 시스

템이었다. 그러다 보니 전 교구를 한 번씩 거치는 데만도 최소 10년 이상은 족히 걸리는 규모였다. 하지만 보통 다 알듯이 부교역자, 특히 남성 목회자가 그렇게 오랫동안 한 교회에서 사역하는 건 찾아보기 힘들다. 대개 그 기간 안에 다른 목회지로 옮기거나 오아시스처럼 담임목사로 청빙 받아 목회지를 옮길 때면 부교역자 인생 로또 맞았다는 말을 공공연하게 할 정도였다.

하루는 내가 찬양 인도하는 시간을 무척 좋아하셨던 S안수집사 부부가 있었는데, 여권사님께서 날 찾아오신 적이 있었다. 사실, 이런 만남 전에는 그분들이 날 그렇게 좋아하실 줄은 전혀 몰랐다. 더구나 그분들이 소속된 교구를 맡은 적도 없었고, 지금껏 내게 호감을 표현하신 적도 없었기에 그 마음을 알 리 없었다. 어쨌든 안수집사 부부가 날 매우 좋아하고 존경한다는 걸 알게 된 계기는 이래서였다. 그땐 다른 교회를 다녔지만 어릴 땐 줄곧 이 교회에서 신앙생활 하면서 청년부 회장까지 맡았다는 두 분의 큰아들이 있었다. 내가 이분을 알았을 때는 이미 다른 교회 장로였는데, 상황은 이 장로님이 신앙생활 하는 교회 담임 목사님이 은퇴하실 때가 되어 후임자를 청빙할 시점이었다. 하지만 장로님은 워낙 직업과 교회 일로 바쁘다 보니 본인 교회가 소속된 교단 안에 아는 목회자가 별로 없으셨다. 그렇게 고민하고 고민하다가 부모님과의 식사 자리에서 자기 교회 상황을 말씀했는데, 그 자리에서 S안수집사 부부가 선뜻 날 소개하셨고, 그러면서 자연스럽게 여권사님의 연락이 닿게 된 거였다.

"목사님, 저 P권사예요."

"네 권사님, 안녕하세요. 평안하시죠?"

"네 목사님, 저는 잘 지내고 있어요. 목사님도 잘 계시죠? 우리 교회에서 사역하시는 데 불편한 건 없으세요? 사모님도 잘 계시고, 아이들도 잘 크고 있죠?"

"네 권사님, 너무 행복하게 사역하고 있습니다."

"우리가 한 번도 목사님께 말씀드린 적이 없는데, 우리 남편 집사랑 제가 목사님 찬양 인도하시는 시간을 엄청 기다려요. 우리 안수 집사는 목사님 찬양 인도하는 수요예배 늦지 않으려고 30분 일찍 교회 가고, 목사님 찬양하실 때 은혜의 시간 되게 해 달라고 항상 기도해요. 저도 목사님 찬양을 너무너무 좋아하고요."

아니, 내가 인도하는 찬양에 대해 한 번도 말씀이 없으셨던 분이 갑자기 전화하셔서 이렇게까지 말씀하시니까 조금은 이상했다. 찬양 시간에 은혜받는다는 말이 기분 좋아서가 아니라 무슨 말씀을 하시려고 이런 멘트로 대화를 시작하시냐는 생각에 기분이 묘했다. 사실, 난 지금껏 살면서 찬양 시간에 은혜받았다는 얘길 하도 많이 들어서 별 감흥이 없다. 어떤 이는 이걸 교만이라고 말할지 모르지만, 내게 이런 말은 너무도 익숙해 자연스럽게 드는 무반응이기에 교만이라고 하기엔 좀 그렇지 않냐는 생각도 있다. 물론 겸손은 아니겠지만 말이다. 어쨌든 전혀 호감을 표현한 적 없는 분께 이런 말을 들으니 나쁠 건 없었다. 물론 은혜 베푸시는 분은 하나님이시지만 말이다.

그런데 P권사님의 다음 말씀은 내 맘을 흐뭇하게 하기에 충분했다. 남편 안수집사님께서 일찍 예배당에 나오시는 이유가 예배와 찬양 시간, 나와 찬양팀을 위해 중보하기 위함이라는 말씀이 내 맘을 어루만졌다. 연세가 지긋하신 분께서 이런 기도를 드리기 위해 일찍 예배당을 찾으신다니. 늘 시작하는 시각보다 많이 일찍 오셔서 '음… 저 집사님은 늘 일찍 나오시는구나. 하기야 연세 있으신 분이 종일 집에 계시는 것도 심심하실 테지.'라고 생각했지 나와 찬양팀을 위해 기도하려고 일찍 나오실 거란 생각은 전혀 못 했기 때문이다. 갑자기 걸려 온 전화 내용이 이런 거였으니 권사님의 말씀에 기분이 좋았지만, 죄송한 마음도 들었다. 목회자를 영적 아비라곤 하지만 그 역시 사람이기에 성도들의 따뜻한 사랑과 격려가 필요함을 새삼 느낄 정도였기 때문이다. 당연히 목회자는 하나님께로부터 오는 영적 힘을 먼저 받아야 하지만, 목회자가 바라봐야 할 대상에는 사람도 포함되어 있음을 알았다.

보통은 목회자에게 사람 보지 말고, 하나님만 바라봐야 한다고 말한다. 하지만 이런 말의 뜻과는 사뭇 다르게 목회자는 늘 성도들을 눈여겨봐야 한다. 돌봄을 위한 목회적 시선만이 아니라 목회자도 한 그리스도인으로서 성도로부터 오는 사랑과 관심이 필요한 존재라는 말이다. 왜냐하면 교회는 기본적으로 목회자와 성도로 구성된 공동체이기 때문이다. 신학적으로 말하면, 교회는 삼위일체 하나님의 공동체에 기인한 기독교 공동체니까 실제로 교회는 목회자의 일방적인 사랑과 희생만으로 건강한 공동체가 될 수 없다. 목회자와 성도는 신랑이신 예수 그리스도와 연합한 공동체지만, 각각의 지체는 그리스도 안에서 한 몸이어야 하기에 서로 간의 따뜻하고 인격적인 교제와 소통은 마땅하다. 까닭에 목회자는 성도들을 사랑하고 잘 보살펴야 하지만, 동시에 성도들도 목회자를 사랑하고 잘 섬길 줄 아는 교회야말로 혈액 순환이 잘 되는 건강한 교회 공동체라고 나는 생각한다.

어쨌든 처음 난 내가 맡고 있는 교구 권사님이 아닌데도 연락하셔서 내 안부를 물으시는 게 뜬금없다고 여겼다(보통 규모가 큰 교회에서는 이런 분위기가 전혀 이상하지 않다). 하지만 워낙 인품 좋은 분이시란 걸 알고 있었기에 권사님의 연락이 어색하거나 싫지 않았다. 반갑고 좋았다. 저렇게까지 칭찬을 아끼지 않으시는데 말이다. 우리의 통화는 이런 분위기로 진행되었고, 권사님의 말씀이 이어졌다.

"그런데 목사님."

"네, 권사님."

"혹시 다른 계획… 있으세요?"

"네? 음… 다른 계획이라니 어떤…"

"음… 목사님, 우리 교회 부목사님들은 그래도 좀 오래 계시는 편인데, 보통 부목사님들은 계속 부교역자로 계시지 않고, 담임 목회하러 가시잖아요. 그래서 혹시 목사님도 그런 계획을 갖고 준비 중이신가 하고요."

"아, 네 권사님. 담임 목회를 생각하기 하죠. 그런데 권사님 무슨 하실 말씀이라도…"

"그럼, 혹시 목사님 생각하고 계신 데가 있으세요?"

"네? 아… 아니요. 생각은 있지만 아직 구체적인 목회지가 있는 건 아닌데요."

"음… 그럼, 담임 목회지가 있으면 하실 마음이 있으… 시… 죠?"

"네? 아~ 네~ 권사님, 그럼요. 그래야죠. 그런데 하실 말씀이…"

여기까지 난 그냥 얼떨떨했다. 처음엔 입을 열기도 쉽지 않았다. 괜한 소리가 돌아 담임 목사와 장로들 귀에 들어가면 김신구 목사가 목회지를 옮기려 한다는 이상한 소리가 돌 수 있기 때문이다. 아니, 목회자에게 담임 목회는 누구나 바라는 것인데도 교회 안에서 임지 이동은 굉장히 예민한 이야깃거리니까. 그리고 권사님은 말을 이어 가셨다.

"네 목사님, 다른 게 아니라 우리 아들이 어릴 땐 우리 교회에서 신앙 생활 하다가 청년부 회장까지 했거든요. 그런데 애가 장가가면서 다른 교회로 옮겼어요. 다름 아니라 며느리가 타 교단 사람이라서요. 지금은 그 교회 장론데, 그 교회 담임 목사님이 은퇴하시게 돼서 혹시 목사님이 타 교단이라도 목회하실 마음이 있으시면 우리 아들 장로 한번 만나 볼 수 있으신가 하고요. 교회는 그냥 아담한데, 그래도 교회 건물 있고, 자립한 교회예요."

"아! 네 권사님, 그렇군요. 저야 감사하지요."

"그럼, 우리 아들 장로한테 목사님 존함과 연락처 알려줄 테니까 연락이 오면 한번 만나 보세요. 엊그제 아들과 저녁 먹는데, 그 교회 얘길 하길래 우리 안수 집사가 그만… 호호호…. 우리 집사가 목사님을 아주 좋아하다 보니까 목사님 존함을 아들에게 바로 얘길 하더라고요. 아들도 목사님 만나 뵙고 싶어 해요."

"아, 네~ 권사님. 그럼, 안수집사님과 권사님께서 저를 추천해 주신 거네요."

"아! 네, 그렇게 되나요? 호호호호"

"어휴, 권사님, 감사합니다. 저야 너무 감사하죠. 연락이 오면 만나 볼 게요."

"그럼, 목사님 안녕히 계세요. 오늘 수요예배 때 은혜로운 찬양 기다리겠습니다. 호호호호"

이렇게 P권사님과 전화를 마친 난 어리둥절하면서도 기뻤다. '갑작스럽게 이게 무슨 전화람.' 그러고는 수요예배를 마치고 사택으로 돌아와 아내에게 이 소식을 전했다. 그때부터 우리 부부는 목적 기도에 들어갔다. 한편으로 이럴 때 기도하는 것이 하나님 앞에 죄송스럽기도 했다. 꼭 이럴 때만 힘주어 기도하는 것 같아서였다. 하지만 방금 이런 소식을 접했으니, 이것이 하나님의 이끄심인지 아닌지 분별도 해야 하고, 담임 목사 청빙은 대부분의 목회자가 바라는 것이기에 꼭 기도해야 할 이유였다. 더구나 청빙은 목회자 인생에서 중대사니 더 그럴 수밖에.

다음 날이 되었다. S안수집사의 아들인 S장로로부터 전화가 왔다. 오늘 저녁에 만날 수 있는지 묻는 연락이었다. 우린 서먹한 채 간단히 인사를 나누고 저녁 식사 약속만 한 채 금방 전화를 끊었다. 기대감으로 건 연락이었지만, 일면식이 없는 서로였기에 통화는 단출했다. 하지만 어찌나 목소리가 어린양 같던지 맘이 편했다. 고집스럽게 목에 힘이나 들어간 고리타분한 장로처럼 느껴지지 않았기 때문이다. 왜냐하면 사역하던 교회가 대형 교회(규모상 한국 교회에서 대형 교회로 구분하는 기준은 청장년 1,000명 이상부터임)이다 보니 당회원 수도 많고, 그중엔 별별 사람이 다 있기에 교역자들이 말은 하지 않지만, 대충 보면 전체 장로들의 특성과 성품을 얼추 파악한다. 어떨 땐 목소리만으로도 감을 잡는다. 촉이라는 게 다 맞진 않지만 말이다. 하기야 장로들도 교역자들을 일일이 파악해 말씀도 나누시겠지만 말이다. 한국 교회에서 이 부분은 좀 씁쓸하다. 서로 손을 맞잡고 동역해야 할, 가장 근접한 서로인데 늘 경계를 놓지 않고 있으니 말이다. 어쨌든 S장로님의 목소리는 참 온화하고 겸손했다.

약속한 시각이 되었다. 멀찌감치 약속 장소를 향해 가는데 누굴 기다리는 듯 서 있는 자그마한 한 사람이 눈에 쏙 들어왔다. '음, 저 분이신가?' 그러고는 평상시보다 템포가 조금 느린 내 걸음을 감지했다. 반가우면서도 차분한 걸음을 걸었던 거였다. 이윽고 그분 앞에서 걸음을 멈췄다. 서로 모르지만 그냥 눈을 크게 뜨며 먼저 웃었다. 그리고 먼저 입을 열었다.

"아! 혹시…"

"네, 혹시… 김신구 목사님이세요?"

"아 네, S장로님이시죠?"

"네, 반갑습니다. 목사님. 부모님께 얘기 많이 들었습니다."

"아! 네…"

"목사님, 시장하실 텐데 일단 안으로 들어가시죠."

"네, 장로님."

사실 식사 때가 조금 지났다. 장로님은 유통업을 하시는데, 혼자 일을 마음대로 조정할 만한 일이 아니다 보니 내게 먼저 양해를 구하셨다. 해서, 우린 조금 늦은 저녁 식사를 약속했다. 시간은 저녁 8시, 식당도 교회 인근으로 정했다. 도심지 한복판이기도 하고, 교회 주변엔 먹거리가 즐비해 가까운 곳에서 지인을 만날까 조심할 필요가 전혀 없었다. 설령 성도들을 만나더라도 말이다. 이렇게 만난 우린 편안한 마음으로 말문을 열었다. 장로님의 부모님께서 날 소개해 주신 것과 장로님 교회의 상황에서 시작해 내 나이, 목사 안수 연수, 전공, 아내, 가족 관계, 목회 비전과 철학 등 모든 이야기가 일사천리로 이어졌다. 뭐 이 정도야 후임자를 찾는 데 있어서 기본적인 내용이니 오랜 시간 잡아먹을 것도 없었다. 그렇게 충분한 대화를 나누고 슬슬 자리에서 일어날 즈음 장로님께선 은퇴하실 목사님, 직분자들과 내 이야기를 나눠보겠다고 말씀하시곤 흐뭇한 표정을 지으셨다. 마치 추운 겨울, 함께 먹었던 뜨끈뜨끈한 순대국밥처럼 대화는 따끈했고, 서로의 표정은 밝았다. 그렇게 우린 약 2시간 정도 이야기를 나누고 다음 만남을 기약하며 헤어졌다.

그런데 이야기 도중 조금 머뭇거릴 만한 사실 하나가 있었다. 은퇴하실 지금의 담임 목사가 장로님의 장인이시라는 거였다. 또 시무장로는 본인뿐이고. 그러니 이 장로님의 아내는 담임 목사의 딸인 거지. 그리고 직원 중 안수집사 부부가 있는데, 이 안수집사는 처남이란다. 게다가 두 분의 교육 전도사가 있는데 그중 한 분은 처제란다. '어이쿠' 그야말로 가족들로 구성된 교회였다. 사실 이것만으로도 그 교회 목회가 만만찮겠다는 생각이 확 들었다. 혈연관계로 구성된 교회에서 담임 목사가 누구 한 사람과만 석연찮아도 교회 전체가 흔들리는 건 불 보듯 뻔한 경우가 너무 흔하기 때문이다. 하지만 날 추천해 주신 S안수집사님 부부의 성품은 워낙 좋고, 처음 뵌 S장로님의 태도도 참 겸손하고 예의가 바르셨다. 그저 희망을 걸고 목회해 볼 만하겠다는 생각이 들

없던 건 다름 아닌 S안수집사님 집안의 성품과 믿음의 강직함 때문이었다. 더구나 아들 장로님도 자부하시는 게 장인인 지금의 담임 목사님이 그렇게 좋은 분이시라는 거였다. 개척하신 지 25년 됐는데, 교단 정치하느라 목회에 소홀하신 적 한번 없고, 지금껏 교인들과 다툼없이 목회하셔서 식당이었던 1, 2층짜리 건물을 교회 건물로 구입도 하시고, 주차장도 확보하셨다는 말씀이었다. 또 개척은 가족과 함께 시작했기에 교회 구성원으로 담임 목사 가족이 좀 있지만, 25년 동안 담임 목사 가족 때문에 교인들이 상처받거나 교회를 떠난 일이 단 한 번도 없었다는 말씀이었다. 여러 이야기를 들으면서 다른 건 그렇다손 치더라도 목회자 가족들 때문에 다른 교인들이 상처받거나 교회를 떠난 적이 없었다는 말이 참 듣기 좋았다.

특히 S장로가 호언장담한 건 담임 목사가 은퇴한 후 목회에 전혀 관여치 않기로 약속하셨다는 거였다. 그러니 담임 목사와의 약속도 그렇지만, 가족들이 먼저 아버지이면서 장인인 담임과 이런 얘기를 이미 나눴다는 것 아닌가? 이 부분도 굉장히 인상 깊었다. 일반적으로 한국 교회에서 혈연관계는 목회에 많은 눈치 거리가 되거나 엄청나게 방해가 되는 경우가 많은데 말이다. 시무장로는 물론 교역자와 교회 직원 중 담임 목사 가족이 구조적으로 배치되어 있다는 말이 계속 찜찜한 부분이었지만, 교회를 일궈온 과정과 은퇴 과정, 그리고 은퇴 이후 이야기는 한결 내 마음을 가볍게 해 주었다. 어찌 되었든 난 S안수집사 부부와 S장로의 성품이 충분히 인격적임을 확인했기에 타 교단 전출 목회자에 대한 마음이 조금씩 자리 잡기 시작했다. 그리고 다음 날이 되었다. 첫 만남이 좋았다고 들으셨는지 P권사로부터 연락이 왔다.

"목사님, 안녕하세요. 호호호."

"네, 권사님."

"어제 우리 S장로 잘 만나셨죠?"

"네, 권사님."

"우리 아들도 목사님 뵙고 너무 좋았다면서 목사님한테 쏙 빠졌더라고요. 뭐 하나님께서 하실 일이라 어떻게 될진 모르지만 앞으로 모든 과정이 다 잘됐으면 좋겠어요."

"네, 권사님 감사합니다. 잠시 뵀지만, S장로님 성품이 참 좋으시더라고요."

"네 목사님, 감사합니다. 제 아들이지만, 애가 좀 말이 없는 편이라 그렇지 사람은 참 착해요. 누구한테 피해를 주거나 그런 적이 단 한 번도 없는 애예요. 좀 민첩하고 그러진 않은 데 순수하고요. 성격이 좀 내성적이어서 활발하거나 재밌고 그렇진 않지만 성실하고요."

"네, 권사님. 정말 권사님 말씀처럼 저도 장로님이 그런 분 같더라고요. 뭐 안수집사님과 권사님 성품이 워낙 좋으시니 자녀분들도 그러시겠죠."

"호호호호… 목사님도 참. 어쨌든 목사님께 칭찬받으니까 기분은 좋네요. 감사합니다. 그리고 거기 목사님이 우리랑 사돈이기는 한데, 목사님도 참 좋으세요. 원래는 우리 교회 집사였는데, 뒤늦게 신학 공부하셔서 25년 전에 교회를 개척한 거예요. 우리도 며느리랑 같이 살지만, 애도 참 괜찮아요. 사돈 목사도 욕심 없고, 교단 정치 같은 거 싫어하는 사람이라 S장로가 좋다면 별일 없이 순조롭게 진행될 것 같아요. 사돈 목사님이 후임자 청빙을 S장로에게 다 맡겼거든요. 호호호호."

"아, 네, 권사님, 목사님께서 참 좋으신 분이시군요."

"네 목사님, 그럼, 목사님 바쁘시니까 전화 끊을게요. 기도할게요. 목사님. 호호호호."

이날 이렇게 P권사님의 전화까지 받고 출근한 내 마음이 어땠겠나. 그냥 들떴다. 좋았다. 하지만 제아무리 좋은 소식이라도 담임 목사 청빙에 대해선 누구에게도 말할 수 없었다. 워낙 예민한 부분이기 때문이다.

주일이 지나고 다음 주가 되었다. 그리고 S장로로부터 연락이 와 지난 번과 같은 시간 같은 장소에서 두 번째 만남을 가졌다. 표정도 지난번 과 비슷했다. 직감적으로 들을 얘기도 좋은 소식이겠다는 느낌이 들었 다. 그러곤 그때처럼 우린 순대국밥을 먹으며 이야기를 나눴다. 전반 적인 이야기는 지난번에 거의 나눴기에 이번 만남은 대부분 일상적인 대화였다. 그러다 S장로님은 한 가지 질문을 하셨다.

"목사님."

"네, 장로님."

"우리가 엊그제 주일 직원회를 했어요. 전부는 아니고 새로 모실 담 임 목사님을 위해 청빙위원회를 조직했는데 모두 12명이에요. 그리 고 지난번 목사님과 나눈 이야기를 했는데, 성도들이 다 좋아하시더 라고요. 또 궁금해하시고요. 그런데 한 분이 사모님 직장 이야기를 하 셔서 그 부분은 혹시 어떻게 생각하시는지 목사님 생각을 듣고 싶어 서요."

"아, 네 장로님. 아내가 교사로 재직 중인 거 말씀하시는 것 같은데, 저 는 개인적으로 다른 직업은 모르겠지만 목회자 아내가 교사라는 건 좋다고 생각해요. 왜냐하면 학교에서 학생들을 상대하는 직업이잖아 요. 학생들에게 전도도 할 수 있고, 기독교 모임을 통해 기독교적인 안

내나 지도도 할 수 있으니까요. 실제로도 아내가 지금까지 한 10여 년 교사 생활하면서 그런 일을 해 왔는데 비기독교인 학생들에게 전도도 하고, 신앙생활에 혼란을 겪는 아이들이 다시 건강하게 세워지는 일을 접하기도 해서 저는 개인적으로 아내의 교사직을 참 좋게 생각합니다. 요즘에 학생들과 청년들 전도하기도 얼마나 어려운데요."

"아, 네 목사님, 그러시군요. 저도 사모님께서 교회 안에만 계셔야 한다고 생각하지는 않는데, 한 분이 그런 얘길 하시길래 그냥 여쭤본 거니까 맘에 담아두시진 마세요. 그리고 사모님께서 학교에서 기독교 활동도 하시면서 전도도 하시면 앞으로 교회도 부흥하고 좋겠네요."

"네, 장로님. 그럼요."

우린 이런 대화를 나눈 후 다시 일상 이야기를 나눴다. 그러다 훌쩍 시간이 흘러 다음 약속을 기약하며 헤어졌다. 이번 분위기도 지난번처럼 물오르듯 좋았다.

또 한 주가 지나 S장로를 만났다. 전해 들은 내용은 담임 목사, 청빙위원들과 충분히 이야기를 나눴고, 모두가 좋다고 해 설교하러 와 달라는 요청이었다. 당연히 담임 목사님도 뵙고 말이다. 한 주 한 주 청빙과정이 꽤 순탄하게 진행되었다. 그리고 설교할 주일이 되어 그 교회를 찾았다. 설교 전 30여 분간 담임 목사님과 만나 지금껏 이 교회를 일 궈온 이야기를 들었다. 참 순수하게 열심히 일궈오신 목회 걸음들이 내 머릿속에도 그려졌다. 나 또한 개척교회 목회자 아들로 자랐기에 더 공감됐다. 그리고 예배 시간이 되어 설교를 잘 마치고 모든 교우와 간단히 인사를 나눈 뒤 벅찬 마음으로 돌아왔다.

사택에 도착했을 때 제일 먼저 반겨 준 사람은 아내가 아니었다. 귀엽 고 예쁜 아이들이었다. 당시 어린이집을 다녔던 우리 집 공주와 왕자, 사랑하는 딸과 아들이었다. 아직 어려 한 팔에 한 녀석씩 들기는 거뜬 했다. 난 두 녀석을 번쩍 들면서 따뜻한 부정(父情)을 잠시 나눴다. 이윽 고 아내가 설교는 잘했냐고 묻길래 설교 잘했고, 대체로 담임 목사님 과 성도님들의 반응, 그리고 전반적인 교회 분위기도 자세히 말해줬 다. 아내도 무척 좋아 들뜬 분위기였다. 우리는 그렇게 기대에 찬 마음 으로 흡족한 저녁 식사를 나눴다.

저녁을 다 먹고 아이들과 장난치며 쉬고 있는 사이, S장로로부터 연락 이 왔다. 좀 아까 교회에서 뵀는데, 바로 연락이 온 것으로 봐서 좋은 느낌이었다. 아니나 다를까 장로님도 아내처럼 무척 들뜬 목소리였다. 담임 목사가 내 설교에 대체로 만족하신다는 말씀이었다. 본인이 개척

자지만 후임자 청빙의 전권을 S장로에게 위임했으니 상관없을 것 같지만, 그래도 개척자인 데다가 현재는 담임 목사니까 그분의 느낌도 당연히 중요하겠지. 또 아무리 관여치 않는다 해도 장인인데 전혀 개의치 않을 수 있겠나. 게다가 후임자를 알아보고 전교인 앞에 설교자로 세운 사람이 S장로 자신인데 먼저 담임 목사가 좋다고 하니 S장로 입장에서는 기분이 좋을 수밖에. S장로님은 이렇게 설교 평 이야기를 하신 다음 청빙위원회도 전부 날 좋게 본다는 말을 이어서 하셨다. 그러곤 다음 주 오후 예배 후 최종적으로 청빙의 가부를 묻는 결정을 한다는 소식이었다. 결론적으로, 다음 주는 청빙 가부를 묻는 형식적인 회의만 하는 거니까 거의 청빙이 됐다는 말씀이었다. 그냥 흐뭇했고 벅찼다. 이런 이야기를 들었으니 새롭게 시작하는 그 주도 얼마나 들떴는지 모른다. 이제 새롭게 펼쳐질 목회를 위해 내가 준비해야 할 것이 무엇인지 살피느라 분주하기 시작했다. 더구나 타 교단이기에 행정적으로 처리해야 할 문서들과 과정을 충분히 살폈다. 바쁘긴 했지만 매우 신났다. 이윽고 청빙의 가부를 묻는 주일이 되었다. 전혀 초조하지 않았다. 그저 마음은 편안했다.

그런데 이게 웬걸. 결정이 거의 난 상황에 가부만 묻는 날이라 S장로에게 곧장 연락이 와야 하는데도 전혀 휴대전화가 울리지 않았다. 무소식이 희소식이라고 하지만 이런 무소식은 전혀 반갑지 않았다. 더 맘을 졸이다가 그렇게 주일이 지나 버렸다. 월요일이 지나고, 화요일이 지나고, 또 수요일이 지나고. 그러다 한 주가 무심히 지나 버렸다. 궁금한 나머지 답답함이 치밀어 핸드폰을 참 많이 들여다봤다. S장로의 연락처를 검색해 한 번만 터치하면 전화가 걸릴 화면을 수십 번도 더 봤다. 하지만 지나간 한 주는 두 주가 됐는데도 아무런 연락이나 문자가 없었다. 이젠 답답하다 못해 무슨 문자라도 남겨야지 잠적한 듯한 S장로님의 자세가 무척 속상했다. 이렇게 소식이 닿지 않기는 S안수집사 부부도 마찬가지였다. 두 분을 뵈면 뻔하게 이런 얘기가 오갈 것 같아 오히려 난 일부러 가까이 가지 않았다. 하나님께서 하실 일이니 조급함과 불안함으로 서두르는 모습을 보이고 싶지 않아서였다. 홀로 힘들지언정 성도들 앞에서 이런 모습을 보이는 건 목회자로서 올바르지 못하다고 생각했다. 하지만 그 2주간은 정말이지 무척 괴로웠다. 한번은 P권사님이 찾아와 S장로에게 다른 연락이 없었냐고 물으시기도 했지만 별다른 진전은 없었다. 그저 조용했다. 내 마음만 요동쳤다. 그리고 3주째가 돼서야 S장로로부터 연락이 왔다. 매우 경황된 목소리로 말이다. S장로는 매우 조심스러우면서도 흐느끼며 천천히 말문을 열었다.

"목사님… 목사님…. 흑흑흑."

"아, 네 장로님…. 그런데 목소리가 왜…?"

"목사님… 정말, 정말 죄송합니다. 흑흑흑."

S장로의 목소린 조금만 마음을 만지면 금방이라도 펑펑펑 큰 울음을 터트릴 듯한 아이 같은 목소리였다. 그동안 문자 하나 없어 무척 답답하고 섭섭했던 내 마음은 울먹이는 S장로의 목소리를 듣는 순간 싹 사라져 버렸다. 그저 흐느끼며 말씀하시는 성도의 마음을 어루만지고 싶었다.

"네, 장로님 무슨 일이 있으신 것 같은데, 괜찮으니 그냥 편하게 말씀하세요. 장로님"

"아, 네 목사님, 그게… 그게 목사님… 흑흑흑."

"장로님, 괜찮습니다. 리더 교체라는 게 그리 쉽지 않은 것 같아요. 일이 어려웠나 봐요."

"흑흑흑, 정말 죄송하게 됐습니다. 목사님. 저도 너무 실망이 크고 상처가 돼서 목사님께 미처 연락을 드릴 수가 없었어요. 정말 마음이 힘들어서요. 우리 목사님이 장인이지만 제가 이 교회에서 신앙생활 한지 25년째데 목사님이 이러실 준 정말 몰랐거든요. 제가 아내랑 결혼하고 수십 년을 살고 있지만 정말 이런 분이 아니신데…. 흑흑흑. 실은 최종적으로 청빙을 결정하려고 위원회가 모였는데, 갑자기 담임 목사님이 오시더니 회의하지 말라고 하시면서 본인이 2년 더 목회하시겠다고 말씀하셔서요. 그래서 너무 속상하고 힘들어서 목사님께 연락드릴 수가 없었습니다. 죄송합니다. 목사님. 정말 죄송합니다. 흑흑흑."

"아~~ 장로님 그러셨던 거군요. 괜찮아요. 장로님. 장로님께서 뭘 잘못하신 것도 아닌데요. 그리고 담임 목사님이 그렇게 결정하셨으면 어쩔 수 없고요. 결정은 이미 그렇게 난 거니까 조금 마음이 가라앉으면 그냥 그전처럼 순대국밥이나 같이 드셔요. 장로님. 그런 거 이제 생각 말고요. 부디 장로님 맘이 빨리 편안해지시길 바랄게요."

"아~ 목사님, 너무 죄송합니다. 너무 죄송합니다. 흑흑흑."

이렇게 난 장로님과 전화를 끊었고, 이후 장로님의 연락은 더 이상 없었다. S장로의 바람이 아닌, 청빙위원들과 교우들의 의견이 아닌 오롯이 개척자의 예측 불가한 통보로 청빙 건은 일순간 사라져 버렸다. 그러곤 그 담임 목사는 선언했던 것처럼 2년 정도 더 목회를 이어가셨다. 그런데 알고 봤더니 그 기간은 교육 전도사로 사역하던 딸이 목사 안수를 받기까지 남은 기간이었다. 그렇다. 그렇게 됐던 거였다. 그 교회 후임자, 2대 담임은 현재 담임 목사의 딸인 교육 전도사로 잠정 결정된 거였다. 사위와 딸인 S장로 부부도, S장로의 처남인 안수집사 부부도, 담임 목사의 딸이 그 교회 담임이 된다는 것에 강하게 반대했지만, 개척자의 말 한마디는 절대적이었다. 막강했다. 그 누구도 범접할 수 없었다.

나 또한 개척교회 목회자 자녀로 자라서인지 평생 교회 개척에 힘들인 개척 목사가 자기와 전혀 이해관계가 없는 다른 후임자를 맞이한다는 게 정말 어려운 일이겠다고 생각하며 힘들었던 마음을 조금씩 가라앉혔다. 집사였던 내 아버지도 조그마한 분식점 하나 차려 수년간 번 돈 전부를 교회 개척에 쏟으셨고, 지금껏 목숨 걸고 교회를 일구셨는데, 그런 개척자가 누군가에게 담임 목사 자리를 이양한다는 것은 일평생 쏟아부은 걸 온전히 내어놓는 거나 마찬가지 아니겠느냐란 생각을 하며 이 모든 과정을 천천히 지우려 했다. 물론 그것은 하나님의 집이지만 말이다. 그런데도 마음 한쪽에선 이런 생각을 떨쳐버리지 못했다. 과연 이것은 계승인가 세습인가란 생각 말이다. 하지만 좀 더 쉽게 마음을 정리할 수 있었던 건 내가 작은 교회 개척 목사의 아들로 자랐다는 것 때문임은 분명했다. 그리고 이렇게도 생각해 봤다.

만약 나와 같은 성장 배경이 없는 목회자가 이런 담임 목사 청빙 건을 경험했다면 그는 나만큼 마음을 정리할 수 있을까? 그는 더욱 분을 내지 않을까? 더 깊게 상처받지 않을까? 그리고 그것이 진정 신앙 계승인가란 생각에 사로잡혀 세습이라며 비난하지 않을까? 나와 같은 경험이 없으니 이해의 폭이 좁을 거라는 생각이 들었다. 하지만 내가 작은 교회 개척 목사 아들로 자란 2대 목사이기에 이런 과정을 좀 더 이해한다는 내 이해가 과연 성경적으로 옳은 건지는 모르겠다. 이것 또한 주관적인 내 이해인지, 아니면 인본주의적인 이해인지. 어쨌든 내 첫 번째 담임 목사 청빙의 기회는 이렇게 끝나 버렸다. 그러곤 상한 마음을 다스려 평정심을 찾고자 온갖 힘을 기울였다. 성령의 전이 근심하지 않도록 말이다. 하지만 무척… 무척이나 속상했다.

교단 목회자가 되기까지,
부교역자로 산다는 것!

좀 과하게 표현하면 한국 교회에서 부교역자로 산다는 건 마치 하루살이 같다. 먼저 성직은 종교 직업이기에 근로자 보호법이 적용되지 않는다. 그러니 대부분 각 교회는 담임 목사를 제외하곤 부교역자에게까지 4대 보험을 들어주지 않는 분위기다. 또 교역자는 매년 사무총회를 통해 재신임받아야만 다음 연도에도 공식적인 사역 권한이 주어진다. 그러니 규정상 일 년 직은 되는지 모르겠지만 이것은 거의 담임 목사의 재량에 달렸기에 언제든 사역 권한은 연중 어느 때라도 사라질 수 있다. 제왕적 리더십이 생기기에 딱 좋은 환경이지 않나 싶지만, 꼭 그렇게만 볼 건 아닌 게 때때로 골치 아픈 부교역자로 인해 목회를 잘 이끌어가는 담임 목사의 리더십에 방해가 되는 경우도 있기 때문이다.

하지만 다시 부교역자 이야기로 돌아가서, 교회는 종교단체다 보니 사역 시간(다르게 말하면 노동시간)에 비해 월 사례비가 매우 적다. 노동에 따른 계약적 임금이 아닌 봉사직이라는 근본적 의미를 부여하기 때문이다. 내 경우를 말하면, 하루 평균 12시간에서 많게는 17시간도 사역했다. 게다가 규모가 좀 큰 교회에서 사역할 때는 행사가 많아 한 달 휴무일 중 절반 가까이는 교회 안팎의 다른 사역으로 맘 편히 쉴 수 없었다. 지방회 행사와 교회 행사에 장례까지 겹치면 그 주간 휴일은 송두리째 날아가 버린다. 일 년 365일 중 공휴일과 휴가를 다 포함하더라도 320일 정도는 족히 교회 일로 시간을 보냈던 것 같다. 그렇다고 사역이 마냥 행복하지 않았던 건 아니지만 말이다.

민주 자본주의 사회에서 부교역자의 삶을 하루살이로 표현했으니 사례비 얘길 잠깐 하겠다. 내가 신학대학원을 졸업하고 2005년 첫 전임 사역을 했을 때 받은 월 사례비는 80만 원(17평의 사택과 관리비 일체 제공)이었다. 그리고 2009년 다른 교회로 임지를 옮겨 첫 전임 전도사로 사역할 때는 130만 원을 받았다. 하지만 이때는 교회 사택이 부족해 사택과 관리비 일체를 사역 기간 내내 제공하진 않았다. 누군가 목회지를 옮기면 전임 교역자로 청빙된 순서에 따라 빈 사택에 들어가는 시스템이었다. 까닭에 사택에 들어가지 못한 목회자는 보증금 2,000만 원을 지원받았지만, 이 돈으로 수도권에서 집을 구하기란 만무했다. 그러니까 나머지는 본인이 알아서 해결해야 했다. 당시엔 내가 가진 돈 전부를 보태고도 턱없이 부족했는데, 주차비를 포함해 월세 55만 원을 매달 지출했으니, 130만 원 사례비에 월세와 십일조만 빼더라도 한 달 수입은 72만 원에 불과했다. 거기에 매월 관리비까지 지출하고 나면 내 수중에는 70만 원도 채 남지 않았다. 학력으로 말하면 기본 석사까지 나온 목회자의 한 달 사례비가 이 정도였다. 그나마 아내가 직장 생활을 했기에 다행이었다. 그래서인지 요즘 젊은 목회자들은 주말 파트만 담당하는 교육 전도사로 사역하면서 주중에는 다른 아르바이트를 하는 것이 훨씬 속 편하고 수입도 많아 선호한다고 한다. 그러니 교회들은 교역자 구하기가 힘들다고 말하고, 교역자들은 안전하게 자신을 맡길 교회가 없다며 난리다.

그리고 목사 안수를 받아 부목사로 사역할 때는 사례비가 많이 올라가 월 165만 원(+35만 원)을 받았다. 하지만 당시 교회는 건축 중이었고, 규모가 꽤 컸기에 모든 전임 교역자는 자차를 지입해 본인이 맡은 사역에 사용하는 것이 사역 조건이었다. 물론 차량에 들어가는 보험료, 수리비, 자동차세는 교회에서 전적으로 부담했지만, 행여 다른 교역자보다 두 달 이상 월 유류비가 +7만 원 이상 차가 나면 당장 재정 장로로부터 말이 나왔다. 그리고 그 부교역자는 경고성 있는 지적을 듣곤

했다(누구에게 들었는지는 말 않겠다). 목회하다 보면 경조사에 따라 좀 먼 거리를 다녀올 수도 있는데 말이다.

더구나 부교역자가 건축 계획이 있거나 건축 중인 교회로 임지를 옮기면 명목상 건축헌금을 강요받는다는 건 절대 예상에서 비껴가지 않는다. 그래서 난 정확한 연도는 생각 안 나지만, 건축헌금으로 1평 헌금을 드렸던 적이 있다. 나뿐 아니라 그 당시 함께 사역했던 전임 교역자 전부가 말이다. 물론 이것은 교회 차원에서 건축헌금 운동을 하는 상황이었기에 영적 리더인 목회자는 당연히 본이 되어야 하며, 그것이 목회자다운 모습이라는 얘기를 공공연하게 들었다. 과연 이런 것도 마음과 정성을 담은 진정성 있는 헌금으로 봐야 하는지 차치하고 말이다. 그때 한 평 헌금이 약 350만 원 정도였으니 월 사례비를 훌쩍 뛰어넘었다. 이런 부류의 일은 내가 전임 교역자로 몸담은 네 군데 교회에서 두 군데에서나 연거푸 있었던 일이다. 더욱이 공교롭게도 이런 당위(?)는 모든 전임 교역자가 좀 더 삶에 여유가 있을 만한 보너스 달 전에 들렸다. 그러니 보너스로 받은 사례비까지 고스란히 내놓아야만 했다. 대체로 외벌이가 많은 한국 교회 교역자들의 삶을 고려한다면 목회자로서 본이라든지 그것이 올바른 목회자의 자세라는 말은 종교적 압력을 가하기 위한 그럴싸한 포장지처럼 보였다.

심지어 부교역자 아내가 다른 직업을 가진 것만으로도 믿음의 유무를 따지며 덤덤히 내려놔야 한다고 스스럼없이 말하는 교회도 있으니, 한편에선 누구를 청빙하는 건지 모를 만큼 부교역자 가족에 대한 간섭이 심한 뭇 담임 목사와 성도들을 마주하며 살아야 하는 것이 한국 교회 부교역자들의 현실이다. 사실적으로 표현하면, 목회자를 영적 아버지라며 본인들 자녀가 어떤 자격증이나 공무원 시험, 심지어 면접 보는 것까지 안수 기도나 중보 기도를 요청하면서 그런 교역자 아내가 가진 직업에 대해서는 이러쿵저러쿵 믿음의 유무로 일삼는다는 게 참 어불성설이요 내로남불이다. 이처럼 한국 교회 부교역자들은 대체로 부당한 대우를 받는다고 봐도 과언이 아니다.

이뿐일까? 이런 상황인데도 부목사로서 공식적인 사역이 가능해지려면 그 과정은 의사들 못지않다. 학부 4년과 신학대학원 3년을 마치고도 4년의 전임 사역을 하는 동안 전도사 시취를 거쳐 목사 고시를 통과해야 만 안수 자격이 주어진다. 그리고 교단 연금 가입은 목사 안수를 받기 위한 철칙이다. 예외로 교회 개척자의 경우 2년만 목회하면 목사 안수 자격이 주어지기도 했다(지금도 그런지는 잘 모르겠지만). 그러니까 기본적으로 11년을 잘 마쳐야 부목사로 사역할 수 있는 구조다. 물론 개척도 가능해 담임 목사가 될 수 있지만 말이다.

하지만 여러 우여곡절 끝에 11년을 견뎌 부목사가 됐다고 한들 사역 기간이 다 보장되는 것도 아니다. 또 오랫동안 부목사로 사역했더라도 자연스럽게 담임 목사로 청빙이 되는 것도 아니다. 담임 목사들의 갑질(때로는 뭇 장로들과 부인 권사들의 횡포, 심지어는 오래된 철없는 토박이 청년들의 발칙한 주장들)에 부목사들은 늘 눈치가 보이고, 심지어 이런 치열한 현실 속에 살면서 서로 경쟁 관계에 있는 부교역자들은 하나님 나라를 구현하는 사이좋은 형제자매라기보다 여러 갈등과 충돌로 몸살을 앓을 때가 적지 않다. 물론 다듬어지지 않은 자신의 성품과 부족한 목회적 자질 탓도 무시할 수 없지만 말이다. 해서, 다듬어지지 못한 교역자들로 인해 되레 교회와 성도들이 받는 상처와 힘겨움도 그냥 넘길 부분은 아니다. 그런데도 내가 말하려는 것은 기독교라는 종교 집단 안에서 부교역자가 감내해야 할 상황은 이루 말할 수 없이 많다는 거다. 성도들의 팍팍한 세상살이랑 비교하더라도 절대 뒤처지지 않을 만큼 아주 고되고 힘든 것이 한국 교회 교역자들의 세계임을 감히 말하고 싶다. 지병이나 갑작스러운 심장마비로 돌아가시는 분도 더러 있을 정도니까.

이렇게 표현해서 어떨지 모르지만, 종종 하는 말 중 순교자적 영성으로 목회해야 한다고 주장하면 대부분 할 말이 없지만, 그런 말을 공공연하게 거론하면서 조건 없는 헌신과 봉사를 대놓고 바라는 것이 때론 얼마나 이기적인지 모른다. 그러다 다 써먹고 효용가치가 없다고 판단되면 축구공처럼 차 버리면 그만인 교회가 한국 교회에 부지기수다. 그러니 인격적이고 탁월한 담임 목사나, 또는 교역자에게 예를 잘 갖추는 교회는 서로 가고 싶어 안달이다. 더구나 그런 교회는 대부분 자연스럽게 부흥·성장해 성도들의 성품도 좋고, 교회 시설까지 잘 갖춰진 곳이 많아서 매력적이기까지 한다. 때때로 안타까운 것은 좋은 리더를 청빙하고도 교회 구성원들의 생각이 꽉 막혀 있어 목회적 어려움을 겪다 건강을 잃는 담임 목사들도 있다. 한마디로 한국 교회는 교역자(교단도)건 신학자(신학대학도)건 성도건 할 것 없이 총체적 난국이다.

이처럼 한국 교회에서 목회자로 산다는 건 정글에서 생존하는 것 처럼 서바이벌이 된 지 오래다. 그러니 보통 부교역자들은 담임 목사는 물론 교단이나 지방회 안에 힘 있는 목사들의 눈 밖에 나지 않도록 늘 조바심을 두고 사는 것이 그들 인생이다. 이런 조바심도 없이 자의적 정당함으로 줏대 있게 사역했다간 부교역자 인생 롱런하길 포기한 거나 다름없을 정도다. 이만큼 한국 교회는 보수적 사고를 넘어 무례하기 짝이 없는 생각을 신앙이라는 것과 연결하여 거룩한 것으로 해석하는 몰지각한 그리스도인이 적지 않다. 오직 개체 교회 중심적이고 권력 중심적이다. 교회의 이익을 위해 부교역자 임지 정도는 얼마든지 쥐었다 폈다 할 수 있는 소모품 정도로 여기는 것이 한국 교회 담임 목사들과 장로들의 보편적인 생각 아닌가? 그러니 청빙이 아니라 채용이라고 해야 맞다. 그러면서 교역자가 전하는 설교는 듣고 예배한다. 때론 교역자를 영적 아버지라고 말하지만 책임 소지를 묻곤 한다. 한국 교회 공동체의 수준이 이러니 진정한 부흥과 성장, 하나님 나라의 복음과 선교를 추구하는 교회들과 그리스도인들의 삶은 눈을 씻고 봐도 찾아보기 어렵다.

그래서 교단 목회자가 된다는 것! 그것은 성도들이 세상에서 살아가는 것만큼이나 치열하다. 아니, 어쩌면 더 비열하고 추잡한 꼴을 수없이 보며 살아야 한다. 종교적 진리를 가칭한 성범죄와 성추행은 웬 말이며, 건축을 빙자한 교회 재정 횡령 사건은 또 웬 말인가. 교단 또는 일부 힘 있는 자들을 통해 이뤄지는 사업 중에는 가까운 어느 교회 장로의 사업장과 연관된 경우도 있다. 건축업을 하는 모 교회 장로, 양복점을 하는 모 교회 장로, 리모델링을 하는 모 교회 장로 등 그들의 업과 연결하여 교단 사업을 진행한 소식을 초교파적으로 종종 접하지 않는가?

한번은 작은 교회 목회자들을 섬긴다는 취지로 백만 원 상당의 맞춤

양복 한 벌을 무료로 섬기는 사업이 있었다. 그런데 양복점은 서울에 있으니 지방 교회에서 시무하는 목회자들은 서울로 올라오든지 아니면 사이즈를 알려줘야 했다(순회하면서 사이즈를 쟀는지는 잘 모르겠다). 하지만 사이즈를 알려줘 양복을 맞추기에는 실제론 잘 맞을지 몰라 불안한 면이 없잖아 있지 않은가? 맞춤이면 직접 맞춰야 제맛이지. 그래서 난 양복점을 직접 찾아 맞췄는데, 웬걸 몇 번 입지도 않은 바지에 보풀이 생겼다. 원래부터 좋은 천은 이런 건지란 생각도 했지만, 양복과 천에 대해 문외한인 나로서는 그야말로 열 번도 안 입었는데 벌써 바지에 보풀이 생기다니. 난 직감적으로 얼마 하지도 않는 싼 천으로 양복을 맞추고선 한 벌에 백만 원의 돈을 받은 거 아니냐는 부정된 의심이 들었다. 비록 혼자만의 의심이지만 말이다. 백만 원씩 백 명이면 돈이 얼만가. 그 양복점 주인은 장로였는데, 난 이 사실에 매우 화가 치밀었다. 이러고선 전국에 있는 작은 교회 목회자 백 명을 선정하고 그들을 섬긴다는 사업이라니.

물론 이 사업의 중간 과정이 어땠는지 모르나 얼마 입지도 않은 옷에 보풀이 생겼다는 그 자체만으로 화가 치밀었다. 그리고 그것으로부터 더한 의심과 부정된 생각이 들어 맘이 매우 불편했다. 그러니까 천 자체가 오래 입을 천이 아닌, 달리 말해 원단은 고만고만한 재료로 돈을 남기면서 맞춤이라는 인건비로 벌어먹은 게 아닌가란 불쾌한 생각이 내 머릿속에서 떠나질 않았다. 무슨 백만 원이나 하는 양복이 기성복보다 훨씬 못 입을 정도로 벌써 보풀이 생긴다는 게 말이 되는가? 더구나 바지 핏이 살지 않는다는 이유로 잘못 앉았다간 엉덩이 부분이 찢어질 듯 타이트했다. 아니, 처음부터 바지는 두 벌이 있어야 하지 않냐고 권하는 것 자체가 불편했다. 왜냐하면 추가로 맞춤하는 바지는 사비를 들여야 했기 때문이다. 그럴 돈마저 아까웠던 나로선 한 벌값이 백만 원인데, 바지값만 하더라도 얼마겠냐는 생각에 부담스러웠다. 그런데 얼마 입지도 않은 옷에 보풀은 물론 너무나 타이트해 무심코 털썩 앉았다간 엉덩이 부분이 찢어질 정도로 팽팽하게 맞췄으니 더 의심이 들었다. 그래서 양복점에 전화해 이런 상황을 정중히 말씀드리면서 재수선을 요청했는데도 어김없이 바지 핏 얘기를 하면서 그렇게 입어야 한다고, 그러니 한 벌을 더 추가 주문(보통 바지는 두 벌 맞추기도 하지만)하면 좋다고 안내하는 것이 더 나를 속상하게 했다. 먼저 든 생각이 부정되다 보니 이것도 상술 아닌가란 의심이 불쑥 들었다. 물론 이런 의심이나 부정한 생각도 내 문제일 수 있지만 말이다. 차라리 한 달에 오십만 원의 사례비도 못 받아 허덕이며 병원에도 쉽사리 가지 못하는 작은 교회 목회자들에게 백만 원의 선교비를 지원했더라면 어땠겠느냐는 생각이 들었다(실무자 논의에서 선교비보다 의미 있는 걸로 하자는 의견도 있었을지 모르지만). 그런 작은 교회 목회자들은 기초적인 삶 자체가 어렵기에 백만 원짜리 양복은 지나치다는 생각이 들었다. 그저 공짜로 양복 한 벌을 준다니 귀가 솔깃한 거지. 왜? 삼십만 원짜리 기성복 하나 사 입는 것도 작은 교회 목회자들에겐 부담이기 때문이다.

어쨌든 난 한국 교회에서 목회자가 교단이나 지방회, 또는 교회 안에서조차 올바름과 공의로움을 내세우면 당장이라도 다툴 만한 일이 천지라는 걸 알았다. 목회하면서 눈 감고 아웅 하는 순간이 얼마나 많은지. 그래! 교계와 교단도 지방회와 교회도 사람들 집단이니, 부족하고 연약한 죄인들의 집단이니 그럴 수 있겠다 싶지만 이런 건 세상도 하지 않는 그야말로 '짓' 아닌가? 교단 목회자로 살다 보니 올바른 믿음을 갖기가 참 힘들다는 걸 느낀다. 오히려 목회자의 삶을 살지 않았다면 더 내 신앙을 잘 지킬 수 있지 않았겠냐는 생각이 들 정도였다. 하지만 이미 발을 붙였는데 어찌 쉽사리 디딘 발을 뺄 수 있겠나. 아니, 이 길이 하나님께서 걷게 하신 소명의 길이라면 더더욱 말이다. 어쨌든 제아무리 목회자라도 예수님을 잘 믿는다는 것은 정말 쉽지 않음을 느낀다. 목사지만 그보다 먼저 예수님을 잘 믿는 한 사람 그리스도인이 되고 싶다.

하지만 이것만큼은 꼭 세워져야 한다고 본다. 세상과 버금갈 만한 교단 차원의 교역자 계약법 말이다. 설령 이것이 성직이라는 이름의 봉사직이더라도 정당한 노동법에 준할 만한(한국 교회 상황상 좀 부족하더라도) 사역법 말이다. 어쩌면 이런 내 주장이 기독교 지도자들의 자존심을 끌어내리고, 근본 목회직은 세상 기업체의 근로자나 국가 공무원처럼 노동에 상응하는 정당한 삯을 받는 직이 아니라고 말할지 모르지만, 계속 부당한 대우와 희생을 강요받으며 살아가고 있는 한국 교회 교역자들의 현실을 생각하면 이런 주장은 적절치 않아 보인다. 물론 성직에 대한 근본적 의미는 고려해야 하지만 말이다.

이런 까닭에 각 교단은 교회와 부교역자 간의 분쟁 소지를 예방하고, 부교역자들이 좀 더 안정된 사역을 할 수 있도록 기독교의 본질적 가치를 고수하면서 합리적이고 건강한 '청빙 계약'을 체결할 필요가 있다고 생각했다. 또 기본적으로 부교역자는 담임 목사의 목회 파트너이자 조력자임을 늘 인지하여 자기의 사역이 단독 목회나 담임 목회를 위한 수순으로만 여겨 적당히 시간만 보내려고 해서는 안 될 거다. 부교역자 시절에 그런 자세로 사역했다간 단독과 담임뿐만 아니라 다른 형태의 기독교 조직에서 사역하더라도 여전히 그런 얄팍한 자세를 지속할 가능성이 농후하기 때문이다. 아니, 그것은 근본 기독교 정신에서 이미 벗어난 것이기 때문이다. 어쨌든 말하고 싶은 것은, 기독교가 세상보다 못해서야 어떻게 소금과 빛의 역할을 감당할 수 있겠냐는 거다. 소위 한국 교회가 부흥과 성장을 바라기 전에 먼저 건강한 공동체가 됐으면 참 좋겠다.

너는 아니? 이런 나의 마음을

대놓고 말은 못 하지만, '저러다 어쩌려고'란 생각은 다들 했을 것 같다. 사십 초반의 나이에 전임 사역을 내려놓고 다시 신학 공부를 한 것 말이다. 뭐 그도 그럴 것이 누구보다 나부터 무척 고민했으니 말이다. 더욱이 학위를 마친 후 가까운 분들에게 이런 얘길 직접 듣기도 했으니 내 고민도 현실적 사고에서 나온 자연스러운 것이었다.

사실 처음엔 나도 그랬다. 규모 있는 교회에서 선임 행정 목사로 사역하다가 작은 교회라도 자리가 나면 담임 목사로 청빙 받아 목회하면서 짬을 내 신학 공부를 병행하면 되겠다고. 하지만 지금껏 내 인생을 돌아보면 가위바위보조차 이겨 본 적 없다고 할 만큼 그런 자리가 덩그러니 주어질 복은 거의 없다고 보는 게 내 판단이었다. 그런데도 청빙에 대한 내 생각과 희망은 쉬 사라지지 않았다. 그 이유는 실제로 주변에서는 청빙이 이뤄지고 있기 때문이었다.

어떤 이는 청빙도 다 하나님 손에 달렸다고 말하고, 어떤 이는 요즘 담임 목사 요구 조건이 그러니 스펙을 쌓아야 한다고 말한다. 그런데 둘다 틀렸다고 말할 수 없는 것은, 먼저 하나님께선 광활한 우주의 일까지 관장하는 분이신데 내가 가야 할 길, 더욱이 한 교회를 맡는 일에 그분의 관여 없이 가능할지란 생각과, 또 하나님은 시대적 문화를 초월하시면서 인간 문화 속에서 일하시는 분인데 인간이 만들어놓은 목회적 요구 조건을 무시하시진 않을 테니 시대에 맞게 스펙도 쌓아야 하는 것이 현실적이라는 생각 때문이었다. 이보다 자질적 차원에서 말한다면, 목회자는 영적 리더니까 그리스도인들의 높아진 수준보다 더 높은 수준이어야 하니 목회자가 스펙을 쌓는다는 건 비난받을 짓이 아니라 마땅히 거쳐야 할 리더 양성 과정으로 보는 것이 적합할 거다. 그런데 이런 생각이 지배적일 때 나는 신대원 M. Div (목회학 석사)를 졸업한 후 나름 여러 규모의 현장에서 목회 경험은 쌓았지만, 학력은 기본적인 목회자 과정만 밟은 상태였다. 그래서 소위 스펙을 쌓아야 한다는 말처럼 내게도 그런 필요가 자극제로 작용했다. 이유 중 하나는 담임 목사 청빙이 간절한 바람인 데다가 진학에 대한 당시 담임 목사의 강권적 조언이 있었기 때문이었다. 진정 진학은 추후 계획 정도였지 실행 의지는 전혀 없었다.

그러던 어느 날, 더 공부해야겠다는 마음이 열망처럼 솟구쳤다. 그 시점이 언제인지 모를 만큼 공부 열정은 난데없이 솟았다. 온통 머릿속엔 목회를 잘하고 싶다는 생각밖에 들지 않았다. 그래서 고민 끝에 결정하기를 실천신학을 공부해야겠다고 마음먹었다. 그런데 공교롭게도 내가 공부하려는 과정의 지도교수가 십여 년 전 한 교회에서 전임 전도사로 사역할 때 잠시 알고 지냈던 선임 목사님이 아닌가. 그때 선임 목사님은 풀러신학대학교에서 교회성장학으로 Ph. D. 박사학위를 받은 분이셨고, 내가 전임사역자로 부임한 지 6개월 만에 우리 교단 신학대학교 교수로 임용되셨기에 가깝게 지낼 시간도 없었다. 더구나 교회가 큰 만큼 부교역자가 많았기에 한낱 전임 전도사가 선임 행정 목사와 가까워지기엔 중간 서열이 많았다. 그냥 인사만 하며 지내던 사이였다. 그렇게 우린 몇 개월 지나지 않아 헤어졌는데, 시간이 흘러 다시 진학을 결정해 전공을 선택하려는데 지도교수가 바로 이분이었다. 목회를 잘하고 싶었으니 눈에 띈 전공도 실천신학, 목회학, 교회성장학이었다. 이렇게 난 생판 모르는 교수님 밑에서 공부하지 않고, 조금 아는 분께 지도받게 되었다. 물론 지도교수님은 날 어떻게 생각했는지 모르지만, 난 이후 그분과의 사담에서 이렇게 다시 만난 게 하나님의 섭리처럼 여겨질 만큼 우연은 아니라고 생각한다며 두어 번 말씀드렸었다. 맘 한편에선 이 또한 알 수 없는 하나님의 뜻이겠냔 생각이 진짜로 있었다. 얼떨결에 진학하게 된 것까지 섭리적 의미로 이해했다. 그렇게 난 사십 초반이 돼서야 급작스럽게 신학 공부를 다시 하게 되었다. 도무지 알 수 없는 어떤 힘에 떠밀려서 말이다.

그렇게 시작한 학위 공부는 Th. M.(신학 석사)과 Th. D.(실천신학 박사) 통합으로 4년 과정이었다. 처음 Th. M. 1년은 사역하던 교회에서 전임 부목사로 사역했었다. 그러나 Th. D. 과정부터는 좀 더 공부에 집중하고자 준전임으로 사역 구조를 변경했다. 그런데 이런 사역 변경은 전임 부목사로 사역하면서 학업을 겸하는 것에 대해 적잖이 눈총을 받았기 때문이었다. 강권적인 조언이 공부를 시작한 이유 중 하나였지만, 실제로 진학 이후로는 그리 시선이 너그럽지 못했다. 실례로 나도 모르는 그 교회 출신 목사(당시 그 교회 부교역자가 아닌데도 어머니가 권사였기에)의 학업에는 장학금을 모금해 주면서 선임 행정 목사로 사역하고 있는 내겐 단 10원의 장학금도 없었다. 전혀 모르는 선교사는 1년이고, 5년이고 선교라는 명분으로 몇백만 원, 심지어 몇천만 원, 몇억도 지원하면서 정작 그 교회에 몸담은 부교역자에게는 무심했다. 뭐 이 또한 내가 사역을 잘 못했거나 이미지 관리를 못해서 그런 거라면 할 말이 없지만, 그냥 객관적으로 봐선 이해가 잘 안 됐다. 그렇다고 내가 장학금을 바랐던 것도 전혀 아니었다. 그저 공부할 수 있음이 감사였고, 목회를 잘하고 싶어서 열정적으로 공부했기에 그런 장학금 정도엔 조금의 마음도 없었다. 그러나 공부하면서 맡은 사역에 소홀하지 않았는데도 날 향한 시선은 교역자 사무실에서조차 곱지 않았다. 담임 목사는 교회 일을 더 많이 하길 원했고, 일부 부교역자들은 내가 없는 시간에 수군거렸다. 그렇게 나의 학업을 탐탁지 않게 여겼다. 특히 이런 분위기는 학업 과정이 조금씩 길어지고, 내 설교가 성도들의 마음을 더욱 만지면서 표면화 되어 갔다.

사실, 이런 눈총이 싫어 전임에서 준전임으로 사역 구조 변경(학비로 재정이 더 필요한 상황에 사례비를 절반으로 줄여가면서)을 요청했고, 주 3일(금, 토, 주일)은 잘 곳이 필요해 사택도 이전 공간 대비 1/3정도 되는 빈 곳(교회 소유 건물)으로 자진 이사도 요청했었다. 하지만 합리적이고 정당하다고 생각한 내 사역 형태와 조건은 아무리 열심을 내어도 인정받지 못했다. 왜? 이미 시선이 곱지 않았기 때문이었다. 달리 말하면, 한국 교회에서 부교역자가 목회 현장에 몸담고 있으면서 신학 공부를 병행한다는 건 거의 불가능할 정도다. 준전임으로 사역 형태를 돌렸는데도 말이다. 주말만 사역하는 파트 타임 목회자가 아닌 이상 이미 이런 사역 구조를 허용치 않는 한국 교회였다.

결국, 난 박사학위 과정을 시작한 지 1년도 되지 않아 목회지 이동을 권고받았고, 상황이 이렇다 보니 아예 사역을 잠시 내려놓고 박사 공부에만 집중하기로 결정했다. 이 또한 건강한 목회를 위한 것이었기에 부정적으로 통용되는 스펙 쌓기 같은 유혹에 빠진 결정은 절대 아니었다.

이리하여 박사 공부를 하는 동안은 잠시 사역을 쉬려고 했지만, 담임 목사는 이런 상태론 사임할 수 없다며 날 막았다. 이유인즉슨 이 교회에서 선임 행정 목사로 3년 이상 사역했고, 어떤 성도들은 피어오르는 새싹이라며 유망 있게 봤을 뿐만 아니라 그 교회 후임으로까지 생각하고 기도하는 분까지 있었기 때문이었다. 또 이런 젊은 목사를 목회지도 없이 사임하게 한다는 건 그 화살이 분명 담임 목사에게 날아올 거라고 염려했기 때문이었다. 무엇보다 이것이 담임 목사의 생각이었다고 단언하는 것은, 직접 이런 걱정을 서너 번 비쳤기 때문이다. 이런 쓸데없는 걱정까지 들어가며 사역했던 난 더 열심히 공부해 무너져가는 한국 교회를 어떻게든 건강하게 세우고 싶었다. 아니, 이런 한국 교회 성도들이 너무도 불쌍했다. 오죽하면 나 스스로 담임 목사에게 걱정하지 말고, 임지가 없는데도 극구 김 목사가 공부하고 싶다고 해서 하는 수 없이 사임하는 거라고 에둘러서 말하면 아쉬움은 감출 수 없겠지만 충분히 성도들도 수긍할 거라고 말씀드렸을까. 정말이지 지난하기 짝이 없는 부교역자 생활이었다. 하지만 담임 목사는 이런 내 말조차 믿지 못했는지, 아니면 내 생각에 동의하고 싶지 않았는지 어떻게든 다음 목회지를 구한 뒤 사임하길 권했다. 그러곤 일주일에 한 번은 날 불러 임지 상황이 어떻게 돼 가냐며 추궁했다. 그것도 금, 토, 주일 사역만 하는 준전임 목회자에게 말이다. 한심하기 그지없었다. 이런데도 담임 목사를 존중하지 않는데, 왜 자기 밑에 있냐는 말을 들었으니 미치고 환장할 일 아닌가? 결국, 난 준전임 자리를 알아보게 되었다.

그런데 공교롭게도 인근 지역(약 7km 정도 떨어진) 어느 한 교회에서 준전임 목회자를 찾고 있는 게 아닌가. 난 고민 끝에 이력서를 넣었고, 면접 후 그 교회에 부임하기로 결정이 되었다. 그리고 그 주가 지나 사역 중이던 교회 담임 목사와 부교역자들에게 임지 상황을 알렸는데, 그때부터 또 표정이 일그러지기 시작했다. 아무래도 인근 지역이라는 이유와 생각보다 빨리 임지를 구했다고 느꼈던 것 같았다. 이왕 사임할 거면 멀리 가야 좋은데 가까이서 사역하게 됐고, 더구나 규모도 이 교회와 별 차이가 없는 교회였으니 잘 안되길 바랐던 담임 목사 입장에서는 싫었던 것 같았다. 규모가 얼마나 되는지 담임 목사를 비롯해 다른 부교역자들도 여러 번 물었으니 말이다. 사임하는 내 마음이 어떤지도 모르고 임지를 이동하게 된 내게 새로 가게 될 교회 규모나 묻고 있는 교역자들이 한심스러웠다.

여하튼 새로 부임할 교회 담임 목사는 빨리 오길 원했고, 사역하던 교회 담임 목사는 빨리 떠나길 원했다. 이렇게 임지 상황을 말씀드리자 담임 목사는 곧장 그 자리에서 사임 시기를 정했다. 바로 다음 주로 말이다. 아니, 그래도 내가 지금은 준전임 목회자지만 선임 행정 목사로 함께 사역하자고 해서 왔는데, 그리고 지금은 금요일에 왔다가 주일에 올라가는 상황인데, 바로 다음 주에 사임하라니 어이가 없었다. 하지만 전혀 티를 내지 않으려고 솟구치는 감정을 꾹꾹 눌렀다. 그러곤 내가 맡은 부서와 기관 리더들에게는 언제쯤 마지막 인사라도 드릴 수 있겠냐고 여쭸더니 담임 목사는 이렇게 말했다.

"교회 조직상 사임도 당회를 거쳐야 하니 모레 주일(사임 1주 전) 당회 후 광고하겠다."

그런데 이 말은 이 교회가 주일 낮 예배 후(주일 오후 예배 전)에 당회를 하기에 당장 돌아오는 주일(사임 1주 전, 주보 인쇄가 아직 들어가지 않은 상황에서)에는 사임 광고를 할 수 없다는 뜻이었다. 그러면 언제 사임 광고를 낼 수 있겠냐고 여쭈니까 사임하는 주일에 광고하겠다는 거였다. 아니, 약 5년이나 전임으로 사역한 부목사를 사임하는 당일에만 광고하고 바로 내보내겠다는 게 무슨 심보인가. 세상 직장도 함께 일하다가 관두게 되면 회식도 하면서 유종의 미를 거두는데, 교회라는 곳이 세상만도 못하게 그날로 싹둑 잘라버리겠다는 게 무슨 말인가. 순간 난 담임 목사가 그리스도인 같지 않았다. 이런 곳이 하나님의 교회라고? 하지만 엄밀히 말하면, 당회는 주일 오후 예배 전에 마치기에 적어도 모레 주일 오후 예배 때부턴 충분히 광고가 가능했다. 교회 분위기도 그런 교회였고. 그래서 돌아오는 주일 오후 예배 때부터라도 광고를 부탁드렸더니 조금 당황스러운 표정을 짓더니 허락하셨다. 그러나 끝내는 광고하지 않았고, 난 엄청난 분노에 휩싸이고 말았다. 사임조차 마음대로 할 수 없다니. 그냥 사임하는 부교역자가 꼬꾸라져 죽어도 아무 상관이 없어 보였다. 그저 본인과 교회에 피해만 없으면 그만이었다.

그래서 이번에는 그래도 내가 모시는 담임 목사이기에 난감할까 봐 후배인 행정 목사에게 언제쯤 마지막 인사를 드릴 수 있는지 여쭤봐 달라고 했다. 그런데 들려온 말은 이번 주중(사임하기 일주일 남음)에 통보해 주겠다는 답변이었다. 이날은 매우 복잡하게 얽힌 가슴을 부여잡고 간신히 사역을 마쳤다. 하지만 남은 한 주간조차 사임 인사에 대한 연락이 없어 누구에게도 말할 수 없었다. 정말이지 이 한 주간은 미칠 것만 같았다. 울분이 가득해 이가 뿌득뿌득 갈렸다가 죽고 싶다는 생각이 들만큼 처절하게 고독하고 괴로웠다. 보이지도 않는 마음이란 게 수십 년 니코틴에 찌들어 시커멓게 타버린 폐가 된 것처럼 가슴 통증을 계속 느꼈다. 흡연과 술을 전혀 하지 않는 목회자들이 왜 암에 걸려 죽는지 이해가 됐다.

그러다가 한 주가 금세 지나 사임하는 주일이 돼 버렸다. 온 교우(당회원만 알고, 물론 아내 권사들도 알 텐데 담임 목사 사모는 몰랐다)는 사임하는 날 주일에 주보를 보고서야 내가 목회지를 옮긴다는 걸 알았다. 주보를 본 성도들의 반응은 다양했다. 왜 갑자기 사임하냐고, 후임 목사가 되길 원해서 계속 기도 중인데 왜 미리 말씀해 주지 않았느냐고, 그럴 줄 몰랐다고 너무 서운하다고…. 하지만 난 담임 목사의 재가가 없었기에 입을 열지 않았다. 이것이 담임 목사가 생각한 그림이었다는 걸 알았음에도 입을 꼭 다물었다. 떠나는 마당에 그냥 말하면 되지 무슨 미련이라도 있다고. 그래도 난 공개가 허락된(맡은 부서의 리더들에게만) 사임 전날까지 이를 악물고 말하지 않았다. 입을 다문다는 것이 너무너무 힘들었지만 끝까지 침묵했다.

그런데 여기서 끝이 아니었다. 또 다른 외로움과 아픔은 부교역자들의 거리두기로 이어졌다. 행여 날 안타까워하거나 인간적인 모습을 보였다가 담임 목사 눈에 띄기라도 하면 그게 화살이 되어 눈총을 받을 게 뻔했기 때문이다. 그리고 그 눈총을 받는 부교역자는 다음 희생양이 될 수 있기 때문이었다. 물론 부교역자 중에는 이미 내 학업을 탐탁잖게 생각한 이들이 있었기에 거리두기는 예측할 수 있는 현상이기도 했다. 심지어 사임이 확정됐을 땐 "그럼, 다음 담임 목사 청빙 순서는 나겠네?"라며 쾌재를 부르는 후배 부목사도 있었다. 그러다 상황 파악이 됐는지 주춤거렸지만, 이미 청빙 기대에 심취해 그 황홀한 기쁨을 감추지 못한 뒤였다.

사실, 그 부목사가 이 교회에 부임한 큰 이유 중 하나는 그의 간절한 구애와 더불어 적극적인 내 추천이 있었기 때문이었다. 신대원 다닐 때부터 선후배로 알고 지냈던 관계인데, 그랬던 나를 그는 경쟁상대로 여겼다. 이후 찾아와 눈물로 회개했다며 고백했지만 이미 물은 엎질러진 상태였다. 하지만 이뿐이었을까? 그는 내 사임이 결정되기 전에 이를 간접적으로 부추긴 장본인 중 한 사람이었다. 난 이 모든 걸 알았지만 회개했다며 솔직하게 털어놓은 그의 고백 하나만으로 격한 감정을 억눌렀다. 하지만 그를 온전히 용서할 순 없었다. 그때 내 상태는 격양과 무기력이 범벅되어 극에 달할 만큼 분노가 솟았다가도 감정 에너지가 메말라 흐물흐물했기 때문이었다. 마치 뼈 없는 연체동물처럼, 뜨거운 물에 숨이 죽은 콩나물처럼 말이다. 그러나 사임해 교회를 떠나는 그 순간까지 똑바로 정신을 차리려고 사력을 다했다. 조금도 사역에 소홀하지 않으려고 말이다.

또 넘어갈 수 없는 것은, 이 교회 부교역자실에는 담임 목사의 총애를 받으며 상황 보고에 철저한 스파이 교역자가 한 명 있었다. 이러니 부교역자들은 선임인 나보다 그 교역자 눈치 보느라 내게 적당한 거리를 둘 수밖에 없었다. 이렇게 담임 목사는 부교역자실에 자기 사람을 심어놓고선 다른 부교역자들의 언행을 감시하고 조종하는 방식으로 부교역자들을 관리했다. 그런데 지금껏 부임한 교역자 중 이런 상황을 누구보다 빨리 눈치챈 사람이 나였으니 담임 목사가 날 좋아할 리 없었다. 내가 이 교회에서 사역한 지 약 5년 정도 됐는데, 이를 눈치챈 지가 부임 후 약 3개월도 채 안 됐을 때였으니 나머지 내 사역 기간이 어땠겠나. 고통의 쓴잔을 마셔야 했다. 더구나 내가 부임해 사임하기까지 함께 사역했던 전임 부교역자들의 구성조차 이러했다. 한 교역자는 담임 목사 선배 목사의 자녀, 한 교역자는 담임 목사 절친 목사의 자녀, 한 교역자는 담임 목사가 청빙될 시 치리 목사에게 추천받은 친인척,

한 교역자는 남편이 그 교회 안수집사, 한 교역자는 내가 없어도 교회 행정을 도맡아 아무런 탈 없이 감당해야 할 그 누군가였다. 결론적으로 난 겉만 행정 목사였지 죽어라 일만 하는 소모품이거나 총알받이(부교역자의 사명?)에 불과했다. 이런 환경에 오래 있다간 정신병자가 될 것만 같았다. 하지만 한국 교회에서는 이런저런 상황을 견뎌내야 담임 목사의 후광이라도 입어 청빙받을 수 있다는 작은 소망으로 버티는 부목사가 얼마나 많은지 모른다. 이것이 한국 교회의 목회 현장이다. 마찬가지로 이 교회도 그랬다.

이윽고 사임하는 주일 아침이 밝았다. 부교역자실에서 나와 예배실로 들어가려는데 한쪽 계단 구석에서 아내를 붙잡고 하염없이 눈물을 흘리는 장로 부인 권사님을 발견했다. 얼마나 우시는지 아내도 권사님도 눈이 퉁퉁 부어 다른 사람처럼 보일 정도였다. 그런데 이 모습을 본 한 장로의 눈빛에는 독기가 가득했다. 그런 모습마저 못마땅했던 거였다. 그러나 그 장로는 서열로나 연배로나 아래였기에 뭐라고 할 입장은 아니었다. 이를 목격한 나는 당장 달려가 한마디 하고 싶었다. "못돼먹은 장로! 너 같은 사람이 왜 장로가 돼 가지고 하나님의 교회를 이렇게 망가뜨리냐!"고…. 하지만 다른 성도들과 인사하며 마지막 유종의 미를 거두기에도 바빠 혈기를 부릴 새도 없었다. 그저 성도들이 불쌍했고, 안타까웠다. 소식을 처음 접한 성도들의 여러 반응은 내 맘을 아프게 하기에 충분했다. 그때 상황이 이랬다.

❖ 목회자로서 고마움을 느낀 분들

• 감격적이고 놀랐던 성도

내가 죽으면 꼭 장례식에 와 달라는 명예 권사님

내가 죽으면 장례 집례를 꼭 해 달라는 시무장로님

꼭 우리 교회 담임 목사로 다시 오시길 기도하고 있겠다는 권사님

• 힘과 위로가 된 성도

꼭 박사학위 받아 목회 멋지게 하시라는 시무장로님

부목사님들도 정말 힘든 것 같다며 말없이 안아 주신 원로장로님

설교가 너무 좋아 설교 시간을 많이 기다렸다는 권사님과 초신자

아이들끼리 잘 지냈는데 우리 가정이 떠나게 돼서 너무 아쉽다는 젊은 집사님

함께할 수 있어서 참 좋았고, 그동안 믿음이 조금 자란 것 같다는 안수집사님과 젊은 집사님

찬양 시간이 은혜로워 힘과 위로를 얻었는데 그것마저 사라졌다며 두 손을 꼭 붙잡는 권사님

목사님은 지성, 영성, 감성이 풍부하시니 목회 잘하실 거라고 응원해

주신 여러 직분자들

• 짠해서 안아 주고 싶은 성도

"목사님, 목사님" 호칭만 부르다 울면서 눈만 마주친 집사님

왜 자기한테 귀띔도 안 했냐고 토라져 섭섭함이 역력한 권사님

무슨 압력이 있었길래 말도 없이 사임하냐고 씩씩거리면서 캐묻는 안수집사님

식사 한 끼도 못 하고 갑자기 이렇게 가시냐고 교회 행정에 불만을 토로하는 안수집사님

그동안 담임 목사가 얼마나 힘들게 했으면 갑자기 떠나냐고 의심하는 안수집사님

실수도 잦고 부족한 데도 묵묵히 붙들어 주셔서 감사했다는 안수집사님

잘 계시는 줄 알았는데 말 못 할 어려움이 있으셨다는 듯 안쓰러운 표정인 권사님

지금껏 교역자에게 속마음을 표현한 적이 없었는데, 유일하게 표현한 교역자라는 권사님

오해했다고 죄송하다며 눈물을 훔치며 급히 자리를 피하신 권사님

그동안 못되게 굴어 미안하고 죄송했다는 진심 어린 청년

• 유종의 미를 거둔 성도

수고했다며 다음 목회지에 가서도 잘 사역하실 줄 믿는다는 격려와
응원의 집사님
연락드릴 테니 식사라도 한 끼 하자는 권사님
이래저래 반응은 못하고 멀찌감치 안쓰러움으로 쳐다만 본 권사님

• 그냥 그렇거나 느낌 별로였던 성도

명절 때마다 선물을 챙겨줬다며 연거푸 생색만 내는 명예 권사님
수고했다며 다른 교회 가서도 열심히 하라는 오래된 젊은 집사님
안녕히 가시라고 인사치레로만 표현하는 직분자들

• 기분 나빴던 성도

본인 때문에 내가 힘들었을 거라고 말하면서도 자기 불만과 조언을
더 쏟아내는 오래된 청년
성도들과 인사 나누는 모습조차 탐탁잖은 눈빛으로 힐긋힐긋 쳐다
나 보는 몇몇 직분자들

• 매우 불쾌했던 한 사람

**** 아래 내용에서 언급하겠음

여하튼 사임 날은 이런 분위기였는데, 이 글을 보시는 분 중 특히 교역자분들이 많이 공감하지 않을까 싶다. 그리고 오후 예배 찬양대에선 예전 내 설교 때 함께 나눴던 구자억 목사님의 "팔복 아리랑"을 특송으로 준비해 부르셨다. 아울러 세 명의 유초등부 아이들을 솔로로 세웠는데, 그중 두 명을 우리 집 첫째와 둘째로 세워 주셨다. 그런데 이마저도 꼴사납게 보고선 누가 김신구 목사 아이들을 세웠냐는 둥 멀찌감치 담당자를 향해 눈을 흘기는 사람도 있었다. '참! 정말 가는 마당까지 저러실까'라는 생각이 들었다. 물론 눈을 흘긴 사람은 평소에 지휘자를 탐탁잖게 생각하는 성도였지만 말이다.

이윽고 모든 예배와 사역을 마치고 온 교우와 인사를 거의 마칠 무렵, 한 젊은 장로가 내게 왔다. 이 장로는 날 많이 오해했고, 그 오해와 함께 사실도 아닌 내 얘길 여러 사람에게 떠벌리며 비난하기 일쑤였던 장로였다. 그 오해와 분노가 얼마나 가득했는지 날 보는 눈빛에는 살기가 등등했다. 그런데 그 장로가 내게 오길래 마지막 인사라도 하려나 보다 생각하고 반가운 표정을 넌지시 지으려다가 그 장로의 말을 듣고선 적잖이 충격을 받았다.

"새로 가는 교회 장로 중 내 친구가 있으니까 알아서 해!"

이 한마디를 하면서 두리번두리번 주변을 살피더니 눈에 힘을 주며 날 노려보는 게 아닌가. 그때 난 교우분들과 마지막 인사를 나눴던 터라 아쉬움과 웃음이 교차한 상태와 표정이었고, 이런 상황에서 이 장로의 말을 들었기에 급작스럽게 표정이 굳어질 순 없었다. 더러 많은 교우가 날 쳐다보면서 집으로 가는 분위기였기 때문이었다. 매우 당황스러웠지만 다시 정신을 가다듬었다. 그러곤 살짝 웃으면서 눈에 힘을 주어 한마디를 던졌다.

"그래요! 잘 알겠으니까 내 걱정은 마시고 장로님이나 신앙생활 똑바로 하세요!"

주변의 시선이 의식돼 표정을 구기며 말할 순 없었지만, 정말 심정 같아선 그 자리에서 사정없이 후려갈기고 싶었다. 목회자가 장로를 때리고 싶었다니, 그것도 교회에서? 그래. 그러면 안 된다. 참아야 한다. 어떻게든 꾹꾹 눌러야 한다. 말도 안 되는 짓이란 걸 나도 잘 안다. 더구나 5년여의 기간 동안 참았는데 마지막 사임하는 날 화를 터뜨려 어둠의 권세에 무너질 순 없었다. 내 이성은 참아야 한다고 계속해서 내게 지시했지만, 내 감정은 그 자리에서 온갖 주먹질을 퍼부어 반쯤 넋이 나가도록 패 주고 싶었다. '이런 인간 같지 않은 사람 같으니라고. 당신 같은 사람이 어떻게 장로야'라고 쩌렁쩌렁 고함을 지르고 싶었다. 나이 차도 별로 나지 않는 젊은 장로가 이렇게 기고만장하다니. 속에서 온갖 욕설이 부글부글 끓어올랐지만, 그간 20여 년간 목회자 행세하느라 애썼는지 오래 묵혀 발효된 표정 훈련이 이 감정을 꾹 눌러줬다.

그러고는 자리를 피해 겨우겨우 마음을 추스르고 교회 마당을 나서면서 다시 여러 성도와 인사를 나눴다. 손을 맞잡기도 하고, 얼싸안기도 하고, 더욱이 성도들의 붉어진 눈시울은 내 맘을 더욱 아프게 했다. 한쪽에선 누르기 힘든 분노가 이글거렸고, 다른 한쪽에선 불쌍한 성도들이 눈에 밟혔다. 양가감정(兩價感情)이 생겼지만 어쨌든 양쪽 모두 내가 더 열심히 공부해야 할 분명한 이유였다. 그리고 가족과 상경하는 길에 한참을 아내랑 대화하다가 모두가 조용해진 순간에 하나님께 이렇게 기도했다.

'하나님! 제발, 한국 교회를 불쌍히 여겨 주세요. 제가 하게 된 이 공부를 잘 마칠 수 있도록 도와주세요. 꼭 열심히 공부해서 건강한 목회관을 가질 수 있도록 저를 꼭 붙들어 주세요. 그래서 한국 교회를 자극할 만한 건강한 목회자로 성장하도록 저를 도와주세요.'

※ 이 이야기를 쓰면서 신승훈 씨가 부른 "가잖아"를 패러디해 봤다. 속상한 일이지만, 혹시 이걸 콩트로 사용하는 교회가 있다면 그 교회는 분명 건강한 교회일 거다.

가잖아

심현보 작사 / 신승훈 작곡 · 노래

담임 목사	가잖아 그댄(부목사) 떠나가고 있잖아
	함께 시작한 사랑(동역)인데
	이별은 혼자도 되는지 음—
부목사1	다 잊고 살라는 쉬운 그 한마디 음—
부목사2	이제야 겨우 익숙해져 가는데
	사진 속의 우리 미소가
	점점 닮아가고 있는데 음—
	여기서 끝나면 오래 혼잘 텐데
부목사1	그걸로 충분했는데 가끔 볼 수 있다면(당회장실에서)
	비 오는 날에 생각나는 사람이 그대라면(우산 좀 챙기라고, 차량 운행하라고)
부목사2	아무런 바램도 없이 행복(교회 사역이)했었는데

	그댄(담임 목사) 오히려 그런 내(부목사)가 힘겨웠는지
담임 목사	잡을 순 없었지만 흐르던 눈물도 감추었지만(정말?)
	살아가는 동안 후회해야겠지 그댈(부목사) 보낸 지금을
부목사1	말하진 않았지만 사실 난 내일 아침(당회 논의)이 두려워
	그댈(부목사) 모른다고 없던 일이라고 나를 속여가는 게 두려워
담임 목사	왜냐고 묻진 않았지 다시는 못 볼 텐데
	가는 그대(부목사) 마음을 더 아프게 할 테니
	잡을 순 없었지만 흐르던 눈물도 감추었지만(진정?)
	살아가는 동안 후회해야겠지 그댈(부목사) 보낸 지금을
부목사2	말하진 않았지만 사실 난 내일 아침(당회 논의)이 두려워
	그댈(부목사) 모른다고 없던 일이라고 나를 속여가는 게 두려워
교회	그대여 떠나지 마

새로운 사역의 시작, 연구와 집필

이리하여 졸지에 난 무임 사역자가 돼 버렸다. 생각할수록 화가 치밀었지만, 여전히 내 이성은 이런 분노조차 합당치 않다며 오래 참기를 지시했다. 어떤 이들은 예루살렘 성전을 정화하신 의분의 예수님을 언급하면서 뭇 목회자들과 한국 교회를 손가락질하고 비난할지 모른다. 하지만 현재 한국 교회의 심각한 상황과는 별개로 내가 느꼈던 감정과 분노가 모두 거룩함에서 비롯된 것이라고 볼 순 없었다. 왜냐하면 한국 교회에 대한 사랑과 안타까움이 분명히 있었지만, '감히 내게 이런 식으로 대해?'라는 비인격적 항변도 거칠게 요동치고 있었기 때문이다. 사회적으로나 법적으로 보면 이런 내 감정도 충분히 참작 거리가 될 거로 생각하지만, 내가 지금껏 배운 기독교 복음은 이런 것조차 의롭지 않다고 말씀하시는 것 같았다. 온전한 사랑과 긍휼에서 나온 의분이라고 하기에는 본성적 분노가 시뻘겋게 타올랐기 때문이다. 그래서 나는 이런 부분이 공의와 정의에 대한 기독교의 이해와 세상 이해의 차이라고 생각한다.

단언컨대, 기독교의 공의는 그리스도의 사랑을 동반한다. 하지만 세상의 공의는 이런 사랑의 유무와 아무런 상관이 없다. 그래서 기독교의 공의는 세상의 공의와 같지 않다. 오히려 세상 법은 죄형법정주의로 성문법에 규정된 처벌 조항에 따라 판결 내린다. 쉽게 말해, "누군가가 너의 이를 부러뜨렸다면, 때려죽이지 말고 똑같이 이까지만 뽑아라."가 죄형법정주의의 원칙 중 하나인 과잉 형벌 금지의 원칙이다. 그러니까 성문법에 따라 판결하는 세상 공의를 저울로 비유한다면 수평적 균형을 이뤄야 하지만, 기독교의 공의는 그리스도의 완전한 사랑과 희생 없이는 이루어질 수 없는 신비한 역설적 성격을 담고 있다. 까닭에 세상의 공의는 때때로 기독교의 공의를 방해하기도 한다. 이런 생각으로 내 이성은 부글부글 끓는 내 감정을 식히느라 바빴고, 내 혼신은 혼란과 격정으로 가득할 수밖에 없었다. 바울이 자신을 곤고한 자라고 칭했던 것처럼 결코 내 맘도 성령께서 주시는 평안을 느낄 수 없었다.

적용의 관점에서 보면, 십자가에서 돌아가시기 전 성부께 간청하신 예수님의 마음에는 일말의 평안이 있으셨을까? 이 고난의 쓴잔을 거부

하고 싶으셨지만 결국 아버지의 뜻에 순종하기로 결단하셨던 예수님의 마음도 혼란과 격정으로 가득하지 않으셨을까? 하물며 내가 겪었던 심경이 예수님의 심경과 같을 순 없지 않겠나. 그 때문에 난 더더욱 잠잠해지라는 이성의 지시를 따르기로 했다. 어쩌면 우리가 살고 있는 이 세상도 성령께서 공급하시는 평안함이나 따뜻함보다 혼란과 격정으로 범벅일 때가 더 많은 것 같다. 이런 상황에서 내가 할 수 있는 믿음의 모습은 묵상과 침묵, 기도와 깊은 생각뿐이었다.

이리하여 힘겹게 마음을 정리하고 새롭게 걸어야 할 내 다음 여정은 20여 년 만에 진학한 신학 공부였다. 3년의 Th. D(실천신학 박사) 과정 중 1

년이 지날 즈음에 무임이 된 나는 어려운 박사 과정까지 겹쳐 무척 힘든 나날을 보냈다. 공부도 버거운데 목회지에서 받은 아픔과 상처는 의지와 집중력을 심히도 흔들었다. 또 끊어진 사례비는 경제적 어려움을 가중시켰다. 그저 아내가 벌어온 한 달 수입에 다섯 식구가 살아야 했고, 내 등록비와 책값, 교통비와 기타 잡비들까지 모두 아내의 월급에만 의존해야 했다. 커 가는 아이들의 학업이나 학원비, 한 번씩 순회하듯 지출되는 의료비는 내 마음과 신경을 곤두서게 했고, 매월 나가는 전세금 대출과 월세는 앞날을 걱정케 했다. 이런 상황이었기에 누구든 가입하라는 보험은 사치였다. 더구나 코로나19로 아이들이 등교하지 않을 땐 배가 되는 점심값마저 마음이 쓰였다. 간혹 자녀들을 위해 시(市)에서 지급한 몇 번의 보조금은 말 그대로 봇물 터지듯 느껴졌다.

이뿐이었을까? 사회적 거리 두기가 종료되어 한국 사회가 이전 상황으로 돌아갈 때, 가족들이 각자의 삶을 향해 집을 나서면 점심값 부담이 줄어드는 것만으로도 한결 마음의 가벼움을 느꼈다. 그러면 나도 학업과 학위논문 준비를 위해 종일 도서관에서 시간을 보낼 수 있었다. 풀타임 사역을 종료하면서까지 내 의지와 상관없이 시작된 공부였기에 난 그야말로 풀타임처럼 공부했다. 정말 책상에 앉아 책 보고, 글

쓰기를 전임 교역자처럼 해댔다. 그러다 찾아온 점심때는 편의점에서 파는 김밥 한 줄이나 샌드위치에 딸기 우유 하나 사 먹는 것이 전부였다. 때론 단돈 천 원이라도 아끼려고 집어 든 샌드위치와 딸기 우유였지만 4,500원이나 결제된 걸 보고 놀라워 점심을 넘긴 적도 잦았다. 그 5,000원도 안 되는 점심거리가 왜 그렇게 비싸게만 느껴지던지. 아내에게 말은 안 했지만, 하루 한 끼로 생활한 적도 수개월이었다. 돈을 못 벌어오니 몸으로 때웠던 거다. 한국 교회 목회자가 목회지를 찾거나 신학 공부를 이어가는 것은 절대 쉽지 않았다. 자본주의 사회에서 초라하다는 마음이 들 수밖에 없었다.

그런데도 난 이 여정을 하나님의 섭리로 여겨 한국 교회와 한국 신학을 위해 할 수 있는 걸 계속하기로 마음먹었다. 그리고 그 결과 석박사 4년 과정을 쉼 없이 마칠 수 있었다. 또 박사학위 논문을 통과하기 전 KCI급 소논문 4개를 게재할 수 있었고, 한 학회(한국선교신학회)에서는 신진학자 우수논문상(2020)도 받을 수 있었다. 이후 이러한 내 노력과 집념은 학위를 받은 후에도 같은 결로 흘렀다. 건강한 목회와 교회 운동을 펼쳐보고 싶어 연구와 집필에 힘을 기울인 결과, 성경 입문서인 『쉽게 만나는 성경』(서로북스, 2022)을 첫 책으로 출간했고, 박사학위논문을 재가공한 신학전문 학술서적, 『통섭적 목회 패러다임 : 교회성장학과 선교적 교회론의 아름다운 만남』(나눔사, 2023)과 공저로 『한국 교회 목회의 새 방향』(동연, 2024)과 『현대선교신학의 주요 용어들』(플랜터스, 2025)을 세상에 소개할 수 있었다. 이 외에도 다수의 연구논문과 학회 활동을 하면서 내 목회관과 신학적 지평을 조금씩 넓힐 수 있었다. 이 글 또한 같은 노력에서 나온 나의 다섯 번째 저서다. 연구와 집필에 천착한 지난 5년 동안 박사학위논문을 비롯해 모두 5권의 저서와 11편의 연구논문을 쓸 수 있었다. 하지만 이 모든 것은 순전히 내 힘만으로 된 것이 절대 아닌 하나님의 전적 은혜였다.

하루는 어떤 분이 내게 이런 말씀을 하셨다. 앞으로 하나님께서 내게 원하시는 사역 중 하나가 글을 통해 한국 교회와 한국 신학에 유익을 끼치는 것이라고. 물론 내가 직접 응답 받은 건 아니다. 언제나 하나님은 나를 돕고 보살피시지만, 그분의 모습은 늘 침묵 모드셨다. 우스갯소리지만 하나님의 성향은 'I'인지도 모르겠다. 오히려 하나님의 뜻이라며 귀에 닿는 메시지는 내 주변 분들을 통할 때가 있다. 그럴 때마다 과연 그것이 날 향한 하나님의 뜻인지 정확히 알 순 없지만, 이상하게도 난 계속 그 메시지와 유사한 방향으로 살고 있다. 그리고 난 내가 할 수 있는 것이 진정한 희생과 섬김이도록 진을 짜듯 최선을 다하는 중이다. 그러다 보면 어느덧 열매를 맺어 기쁠 때가 있지만, 그것이 당장 내 현실에 엄청난 변화와 여유를 가져오지는 않았다. 그럼에도 내가 이 일을 계속하는 이유는, 이것을 난 '일상의 영성'이라고 생각하기 때문이다. 날 이끄시는 환경 속에서 최선을 다하는 것 말이다. 하나, 무엇보다 신경이 쓰이는 것은 나의 최선보다 과연 이것이 하나님께서 날 이끄시는 환경이 맞냐는 거였다. 이것을 놓고 생각하면 할수록 내 사고는 더욱 민감하리만큼 성장하고 있음을 느낀다.

이렇게 내가 그리스도를 영접한 이후 경험한 많은 일과 예측 불가한 상황들은 삶의 변화에 앞서 '사고와 가치관'을 변화시켰다. 생각이 달라지면 삶도 달라진다고 하지만, 우리 주변에는 자기 생각과 다른 삶을 살아가는 사람이 많은 것 같다. 내가 아무리 옳은 생각을 갖고 있더라도 어쩔 수 없이 옳지 않은 삶을 사는 사람도 있고, 옳지 않은 생각을 갖고 있더라도 조정할 수 없는 외부의 힘 때문에 옳은 방향으로 사는 사람도 있다(다메섹으로 향하던 사울의 회심 경우). 그런데 자연적이고 보편적인 관점에서 보면, 나는 이런 것보다 올바른 생각을 키워 가면서 올바른 삶을 살아내는 것이 훨씬 중요하다고 생각한다.

생각과 가치관은 옳은데 삶이 그렇지 않다면 그것은 이율배반적이고, 생각이 나쁜데 삶이 옳은 방향으로 흐른다면 그것은 하나님의 강권적인 역사일 거다. 하지만 일반적으로 하나님의 강권적인 역사는 외적 변화를 통한 내적 증거라고 말할 순 없는 것 같다. 신앙함에 있어서 무엇보다 중요한 것은 '내가 직접 하나님을 만나는 것'이다. 이런 영적 관계를 통해 내 생각과 가치관에 변화가 일어나면 그것은 자연스럽게 삶을 변화시킨다. 이것이 성경이 말하는 간증적 삶의 일반적 변화 순서다. 한마디로 누구를 만나느냐가 삶을 변화시키는 결정적인 열쇠인 셈이다.

그러나 삶의 변화가 이루어지기 전 선행되어야 할 것이 있는데, 그것이 바로 '사고와 가치관의 변화'다. 예수님께서도 제자들과 일상을 사시면서 그들의 생각과 마음을 올바로 가르치셨다. 물론 그들은 이런 훈련을 받았음에도 부활의 주님을 목격했을 때 변화된 증인의 삶을 살았다. 그러나 부활의 주님을 실제로 자기 인생에서 만난다는 것은 이 세상 모든 사람이 체험할 수 있는 것이 아니다. 그래서 우리에게는 매우 중요한 지침서가 있는데, 그것이 바로 하나님의 말씀인 '성경'이다. 이런 이유로 우리는 기본적으로 성경의 가르침을 받는다. 이 가르침을 통해 믿음은 자라고, 자란 믿음은 다시 사고와 가치관을 변화시켜 각자의 삶에 영향을 끼친다.

그렇기에 기독교의 간증은 어떤 초월적 경험이나 누구와도 대조돼 놀랄 수밖에 없는 개인의 서사보다 복음의 능력에 초점을 둬야 한다. 그리할 때 간증의 주인공은 하나님이 되고, 인간의 삶은 복음을 드러내는 증거의 통로가 되는 것이다. 만약, 간증이 이에 대한 깊은 고찰과 깨달음 없이 개인의 서사에 방점을 찍는다면 그런 간증은 자유주의 신학을 곡해한 어느 한 그리스도인의 휴머니즘적 이야기로 끝나고 말 것이다. 또 은사 중심의 초월적 현상에 방점을 찍는다면, 그런 간증은 신비주의나 광신주의적 독자를 낳을 가능성을 더욱 높일 것이다. 물론 간증의 사전적 개념이 종교적인 특별 체험을 의미하지만, 그것은 철저히 복음적이어야 한다. 간증의 특별 체험은 이미 특별 계시인 복음의 특별함을 통해 빚어진 체험이면 그것으로도 충분하다.

이런 뜻에서 내 간증을 용어로 말하면 '생각 간증'이라고 말하고 싶다. 물론 삶의 변화도 동반하지만 좀 더 기우는 쪽은 생각의 변화다. 말했듯이 간증은 삶의 변화를 중시하지만 결국 변화된 삶을 끌어내는 것은 사고와 가치관의 변화에 달렸다. 여기서 분명히 할 것은, 복음의 능력은 내적 체험과 외적 증거로 나타난다는 사실이다. 이것은 내적 체험을 통한 변화가 자연스럽게 외적 증거로 나타나는 것을 의미한다. 까닭에 외적으로 확인할 수 있는 삶의 변화는 눈으로 확인할 수 없는 내적 변화를 수반한다.

그래서 기독교의 간증은 곧장 삶의 변화를 논하기보다 예수를 만난 뒤 가장 먼저 일어난 특별 체험으로 내적 변화를 고백하는 것이 우선이지 않을까 싶다. 내가 하나님을 만남으로써 일어난 그 첫 번째 변화! 그래서 내 삶을 바꾸는 실제적 원동력으로서 스펙터클은 무엇일까? 그것은 사고, 가치관, 세상을 보는 시선의 변화를 통해 우리의 삶이 새로워지는 것이 아닐까? 그래서 간증적 변화는 지금껏 내 욕심, 내 꿈, 내 뜻을 위해 세상과 손을 맞잡았다면, 예수를 구주로 영접한 이후로부터 그분의 뜻과 방식이 내 뜻과 방식이 되는 것이 아닐까?

이런 이유로 그리스도의 장성한 분량을 향한 성장의 과정은 하나님의 말씀을 듣고 깨닫는 것에서 출발한다. 나는 이것을 '깨달음의 여정'이라고 말하고 싶다. 그래서 내 간증의 방점은 '깨달음'이다. 곧 내 간증에 나타난 체험들은 성경적 가치관으로 성숙해 가는 일반적 과정들로 가득하다. 물론 초월적 은사도 좋고, 그로 인한 기적도 좋고, 놀랍도록 인도하신 섭리적 서사도 좋다. 그러나 우리가 집중해야 할 간증의 서사는 복음의 서사여야 하지 않을까? 그리고 이 복음 서사의 기본 노선은 체험을 통한 내적 변화가 증인 된 제자의 삶으로 이끈다는 것이다.

그래서 복음과의 만남은 생각의 변화를 통해 그리스도의 풍성한 사랑의 실체로 꽃 피워간다.

이것만 기억하자. 예수님께서 하늘로 오르실 때 사랑의 눈동자로 제자들을 쳐다보시면서 하신, "내가 세상 끝 날까지 너희와 항상 함께 있으리라"(마 28:20)라는 말씀. 더구나 부활을 통해 승리까지 따 놓은 우리가 쓰러지거나 낙담할 이유가 뭐 있겠나. 그러니까 우리에게 중도하차라는 건 이미 그 자체로 말이 안 되지. 거두절미하고 다시 일어나 걷자. 힘든 형제, 자매가 보이거든 어서 달려가 손을 맞잡아 일으켜 세우자. 때때로 쓰러졌을 때 날 일으켜 줄 이가 없거나 혼자라는 생각이 들 때도 날 지배하고 넘어뜨리려는 생각들을 하나님의 말씀으로 떨쳐 버리자. 우린 절대 혼자가 아니니까. 나와 너, 그리고 우리를 위해 생명마저 포기하신 그분께서 부활하셔서 하신 말씀이 "내가 너희와 항상 함께 있겠다."라는 약속인데…. 그러니 디어(d.ear)와 재현(NCT)이 "우린 괜찮아. 절대 걱정하지 마. 다시 도전하는 거야."라고 부른 <Try Again>의 마지막 가사처럼 예수님께서도 서바이벌한 믿음의 여정을 살아가고 있는 우리에게 이렇게 말씀하지 않으실까?

You should know that I'm always on your side.

Please remember my answer is you.

We'll be alright.

I want to try again We'll be alright.

Please try again.

맺는말

나는 간증이 반드시 꿈이나 환상, 갑작스러운 심령의 뜨거움, 뇌에 꽃
히듯 압도하는 메시지의 강한 임재, 불길에 몸이 타들어 가는 듯한 영
적 뜨거움을 느끼다가 치유되는 기적 등의 초월적 사건이 어느 한 개
인의 삶과 결합한 서사여야 한다고 생각지 않는다. 만약 간증이 이런
부류만을 선호한다면 오히려 그것은 신비주의적이고 광신적인 신앙
을 낳을 수 있다. 또 다른 종류로 평범했던 사람이 사회적으로 성공했
다든지, 무명인이 유명인이 됐다든지, 가난한 자가 갑자기 부자가 돼
선행을 많이 하는 크리스천 사업가로 성장하여 튼실한 크리스천 기업
을 이뤘다는 식의 이야기들로만 가득하다면 이런 간증은 지금껏 한국
교회가 지적받은 기복 신앙이나 또 다른 부류의 물질주의를 낳을 가
능성만 높일 수 있다.

물론 간증의 용어적 개념이 개인의 신앙생활에서 얻은 특별한 종교적 체험을 고백하는 것이지만, 이 특별한 체험의 의미가 반드시 초자연인 것에서 시작해 초자연적인 것으로 끝날 필요는 없다. 간증은 그저 복음적이기만 하면 그걸로 충분하다. 왜냐하면 이미 복음(성경)은 하나님께서 인간에게 주신 '특별' 계시이기 때문이다. 까닭에 간증의 궁극적인 목적과 개념은, 성부 하나님의 원뜻과 성자 예수 그리스도의 복음과 성령의 역사가 한데 어우러져 어떤 대상에 관여함으로써 일어나는 영적 체험 그리고 그 결과로 빚어지는 거룩한 삶의 변화라고 볼 수 있다.

이런 뜻에서 특별 계시인 복음은 초자연적으로도 나타날 수 있지만, 사소하리만큼 보편적인 일상에서도 나타날 수 있다. 이것은 기본적으로 하나님의 뜻(살전 5:16-18)을 이루는 기쁨, 감사, 기도의 또 다른 조건인 '항상,' '범사에,' '쉬지 말고'라는 수식어만 봐도 쉽게 알 수 있다. 말하자면, 이 세 가지는 모두 '일상'을 벗어나지 않는다. 이미 이 수식어들은 지극히 보편적인 영역을 가리킨다. 그 때문에 특별 계시인 복음의 구현은 기본적으로 모든 교회와 그리스도인의 '일상'을 배경으로 이뤄져야 한다. 흔히 간증의 조건으로 이해하는 특별함은 초월적이든 일상적이든 상관없이 개인의 신앙 서사에서 뚜렷한 복음적 경험을 담는다면 그 조건은 충족한다. 곧 우리에게는 건강한 '간증 신학'이 필요하다.

간증은 특별한 체험이 있는 사람에게만 주어지는 특권이 아니다. 간증은 모든 그리스도인에게 분명하게 나타나야 하는 '보편적인 것'이다. 왜냐하면 66권 성경, 곧 하나님의 복음은 선별 없이 전 인류를 위한 것이기 때문이다. 그래서 건강한 간증, 올바른 간증은 복음이라는 특별함이 그리스도인의 일상과 연합을 이룰 때 나타나는 실제적인 현상이라고 말할 수 있다. 하지만 그리스도인이 성경적인 일상을 살아가는 중 하나님의 전적 주권에 의해 초자연적인 사건(방언, 신유, 예언, 환상 등)과 결합하면, 복음의 능력은 또 다른 차원의 강력한 초월적 힘을 발산하게 되는 것이다. 하지만 앞서 말한 것처럼 분명히 해 둘 것은, 간증은 반드시 초자연적인 것과의 결합을 전제하지 않는다는 점이다. 이것이 필요조건이라면 간증은 오히려 일상적 복음에서 이탈할 가능성만 농후해진다.

정리하면, 기독교의 간증을 올바로 이해하기 위해서는 기본적으로 두 가지를 살필 필요가 있다. 그것은 첫째, 기독교의 간증은 성경에 뿌리를 두고 있다는 점이다. 특히 사도들을 보면, 예수를 그리스도로 믿기 전 그들의 삶엔 복음이 일절 존재하지 않았다. 하지만 그들이 부활의 주님을 만났을 땐 철저히 복음이 삶의 중심이 되었다. 그리고 복음이 삶의 중심이었다는 것은 자연스럽게 증인의 삶으로 연결되었다. 3,000명을 개종하게 한 베드로의 설교(행 2:14-41)라든지, 사도는 아니지만 유대 공회에서 순교한 스데반 집사의 담대한 설교와 최후의 장면(행 7장)은 복음을 중심으로 한 성도의 삶이 어떠했는지를 명확히 보여준다. 또 바울은 디모데전서 1장 13-14절에서 이런 고백을 한다.

> "내가 전에는 비방자요 박해자요 폭행자였으나 도리어 긍휼을 입은 것은 내가 믿지 아니할 때에 알지 못하고 행하였음이라. 우리 주의 은혜가 그리스도 예수 안에 있는 믿음과 사랑과 함께 넘치도록 풍성하였도다."

그러니까 간증은 복음을 중심으로 그 이전과 이후, 곧 지은 죄와 믿음의 고백(삶을 포함하여)을 뜻한다. 그 종류를 나열하면 1) 예수를 그리스도로 믿기 전에 지었던 죄와 허물을 고백하는 '참회 간증', 2) 하나님의 전적 은혜로 그분의 백성 또는 자녀가 되었다는 '구원 간증', 3) 어떠한 상황과 환경 속에서도 하나님의 사랑과 돌보심을 확인하는 '은혜 간증', 4) 병든 몸과 영혼이 초자연적 치유를 경험하는 '신유 간증' 그리고 다양한 '은사 체험의 간증' 등이 있다.

다음 둘째, 기독교의 간증을 올바로 이해하기 위해서는 간증의 위험성(신비주의나 광신주의)을 경계하고, 그것이 진짜 하나님 섭리의 역사인지 살피는 성경적 통찰력과 분별력을 가져야 한다. 그것은 성경을 토대로 전통, 이성, 경험을 함께 살피는 것이다. 이것은 웨슬리 신학을 기초한 것인데, 웨슬리는 먼저 하나님의 섭리를 이해하기 위해 1) 성경의 우위성, 2) 사도적 가르침으로서의 전통, 3) 하나님의 선물로서의 지성적 이성(합리적 사고), 4) 그리스도에 대한 경험(성령 충만, 은혜 체험, 영적 감각)을 중요하게 생각했다. 따라서 기독교의 간증은 절대 하나님의 섭리와 무관하지 않다. 그러니까 올바른 간증을 위해서는 그 특별한 경험이 하나님의 섭리와 맞닿아 있는지 분별해야 하며, 이를 위해 성경(복음), 전통(사도적), 이성(지적 합리성), 경험(기독교적 체험과 감각)의 네 가지를 모두 살펴볼 줄 알아야 한다. 특히 이성과 경험에 대해 좀 더 살피면, 웨슬리는 사도행전 26장 24절에, "바울아 네가 미쳤도다"라는 구절을 언급하면서 성경적인 것과 비성경적인 것을 구분한다. 설명하면, 웨슬리는 광신을 한순간 이성과 감각을 마비시키는 신성한 충동, 또는 자연적 기능이 보통 때보다 고양되었을 때 나타나는 것이라고 봤다. 그래서 광신은 이성의 작용을 심하게 방해해 건전한 이해의 눈을 가림으로써 마음의 무질서를 낳는 일종의 광기이기에 그것은 이미 잘못된 전제를 가진다고 지적했다. 웨슬리에게 참된 종교는 건전한 지성을 나타내 보이지만, 광신은 거짓된 상상이나 영감(번득이는 착상과 자극)을 비롯해 원인(기대를 포함한)과 결과가 하나님께 있지 않은 것까지도 하나님께 전가하는 종교적 광기라고 정의했다. 그래서 이러한 광기는 성경에 기초한 사고의 과정 없이 하나님의 역사가 자기에게 직접 나타난 것처럼 신뢰할 수 없는 말을 내뱉게 해 자기 외 대다수 사람의 경험을 무시하게 만든다. 결국, 광신은 과도한 감상주의에 빠뜨려 그리스도의 마음에서 완전히 멀어지게 해 자신만 가장 뛰어난 신앙을 가졌다고 상상케 하지만, 아무런 성령의 열매도 없이 혼란과 다툼과 분열을 조장한다(『존 웨슬리의 기독교 해설 01: 하나님과 섭리』[웨슬리 르네상스, 2021], 5장 참조).

이런 까닭에 웨슬리는 심각한 상태로 끌고 가는 광신의 치유책으로 합리적이고 지적인 '이성'을 언급한다. 모든 그리스도인은 그것이 하나님의 뜻인지 아닌지 옳게 분별하기 위해 성령의 도우심을 구하면서 이성을 사용해야 한다는 말이다. 하지만 그는 이성이 할 수 없는 것으로 1) 구원을 일으키지 못하고, 2) 온전한 소망을 일으키지 못하고, 3) 무엇보다 이성만으로는 사랑할 수 없다고 말한다. 달리 말해, 인간의 지식만으로는 불완전하다는 주장이다(『존 웨슬리의 기독교 해설 01: 하나님과 섭리』[웨슬리 르네상스, 2021], 4장 참조).

그래서 우리에겐 기독교적 체험과 감각(느낌)으로서 '경험'이 필요하다. 이에 웨슬리는 40년이 넘도록 내적 느낌에 대해 일관된 견지를 가졌는데, 그것은 1) 성령의 일반적인 열매가 사랑, 희락, 화평, 오래 참음, 친절, 온유함이며, 2) 이런 열매를 가진 사람은 그것을 내면에서 느낌으로써 이런 것들이 성경에 기록된 성령의 열매임을 안다고 말했다. 그 때문에 웨슬리는 '내적 느낌'을 '내적 자각'의 의미라고 말하면서 감정의 격발이나 눈물 같은 일부 육체적 징후가 초자연적이거나 마귀적인 것이지만, 때때로 어떤 징후는 강하고 갑작스러운 감정의 변화가 은혜의 역사로 나타난 자연스러운 결과라고 이해했다. 정리하면, 웨슬리는 그것이 하나님의 섭리인지 마귀적인 것인지를 옳게 분별하기 위해 성경의 우위성 아래 전통, 이성, 경험이 함께 어우러져 작동해야 함을 강조했다(『존 웨슬리의 기독교 해설 01: 하나님과 섭리』[웨슬리 르네상스, 2021] 5장 참조).

결론적으로, 바람직한 간증은 성경을 토대로 신앙생활의 모범이 되는 것이어야 한다. 그리고 간증은 그리스도인을 넘어 비그리스도인에게까지 생각할 거리를 제공할 수 있어야 한다. 왜냐하면 간증의 결과는 성령의 열매로 입증될 뿐만 아니라 하나님의 선교를 위한 도구로 쓰이기 때문이다. 따라서 바람직한 간증으로 인정될 만한 믿음은 특수한 경험과 일상적 경험이 조화를 이루는 가운데에서 커갈 때 균형이 잡힌다. 때때로 근본주의자와 극단주의자들은 유명 인사들의 간증과 같이 자극적인 주제를 가져와 종교적 영업을 위한 홍보 수단으로 사용하는 경우가 있는데, 그럴 때 그것은 "기승전병"(어떤 이야기의 결말 '병맛'이라는 의미의 인터넷 신조어) 식의 내용이 되고 마는 것이다. 오늘날 간증이 기상천외한 허튼짓을 통해 큰 웃음이나 신비감만 불어넣는 등 가십거리로 오용된다면, 그것은 복음과 사람을 모욕하는 종교적 경연대회에 불과할 뿐이다. 그렇다면 간증에서 나타날 법한 방언, 신유, 예언, 환상 등과 같은 초월적 은사의 경험들은 최고의 은사인 사랑을 이루기 위해 반드시 합력하는 것이어야 한다. 이것이 바울을 통해 성경이 그토록 강조하는 부분이다. 따라서 오늘날 간증은 많은 부분 교정될 필요가 있다.

특히 간증자의 고백을 통해 은혜를 받았다가 다시 간증자의 죄성이나 연약함을 보게 될 때, 상처받았다거나 실망했다며 비난하는 모습은 마치 간증을 완전한 자의 소유물처럼 착각하게 만든다. 하지만 그리스도인의 간증은 하나님의 살아 계심과 복음을 나타내기 위한 것이지 간증자가 얼마나 거룩한지를 살피는 것이 목적이 아니다. 더욱이 그것은 모든 그리스도인이 예수 그리스도의 장성한 분량에 이르도록 성장하는 일상에서 특별하게 경험하는 그리스도인의 일반적인 신앙 체험이다. 따라서 우리의 간증이 하나님의 명확한 섭리와 올바른 믿음 위에서 증거되고, 또 간증을 듣는 자가 그것을 잘 수용해 자기 성장의 계기로 삼기 위해서는 간증의 중심이 하나님의 특별 계시인 '복음'에 있음을 늘 명심해야 한다. 아울러 외적 성장에 경도돼 세속화한 한국 교회가 지금의 어려움을 극복하고, 신앙의 올곧음과 선교적 정체성으로 살아가기 위해서는 초기 기독교가 지녔던 간증의 순수성과 건강성을 일상에서 회복하는 생활신앙 운동이 펼쳐져야 할 것이다.